MORALE, LECTURE, RÉCITATION

MAXIMES & RÉCITS
D'INSTRUCTION MORALE

CHOISIS EN CONFÉRENCES PÉDAGOGIQUES

PAR LES INSTITUTEURS & LES INSTITUTRICES

De l'Arrondissement de Pontarlier

ADOPTÉS PAR LE PERSONNEL ENSEIGNANT DU DOUBS

AUGMENTÉS DE LECTURES APPROPRIÉES

RECUEILLIS & PUBLIÉS
PAR
G. BOUHÉLIER ET **C. CLERC**

COURS MOYEN & SUPÉRIEUR

BESANÇON

IMPRIMERIE MILLOT FRÈRES ET Cie

Rue Gambetta, 20

1889

TOUS DROITS RÉSERVÉS

*Tous les exemplaires non revêtus de la griffe
des auteurs seront réputés contrefaits*

DÉDIÉ

A

MONSIEUR BAILLIART

INSPECTEUR D'ACADÉMIE

A BESANÇON

Notre premier devoir est d'adresser nos remerciements bien sincères aux Auteurs, Éditeurs et Ayants droit qui ont bien voulu nous autoriser à reproduire des Récits qui sont leur propriété.

C'est grâce à leur générosité qu'est due l'apparition de ce modeste Recueil.

Nous devons aussi des remerciements particuliers à M. Bailliart, Inspecteur d'Académie à Besançon, qui nous a encouragés et conseillés dans notre publication ; à M. Dugleux, ancien Inspecteur primaire à Pontarlier, qui a provoqué et dirigé les recherches du personnel de sa circonscription pour mettre les extraits choisis en harmonie avec le programme officiel ; à MM. les Inspecteurs primaires du Doubs, qui nous ont soutenus dans notre lourde tâche par leurs encouragements et leurs félicitations ; aux honorables députés du Doubs, MM. Viette, Dionys Ordinaire, G. Bernard, Ch. Beauquier, J. Gros ; à M. Francey, Conseiller général à Besançon ; au Moine de la Vallée, publiciste, etc..., toujours si dévoués pour l'enseignement populaire et qui ont bien voulu nous prêter le concours précieux de leurs talents et de leurs lumières ; enfin à nos collègues de l'arrondissement de Pontarlier, auxquels revient le mérite de ces laborieuses recherches.

G. BOUHÉLIER.   **C. CLERC.**

DIRECTIONS

Les élèves devront reproduire de vive voix ou par écrit les idées principales du morceau; de temps en temps ils en apprendront par cœur les plus beaux passages.

Les maximes seront apprises par cœur à raison d'une environ par jour.

Le récit et les maximes appropriées feront l'objet de devoirs de style pour les plus grands élèves.

Il y aura chaque semaine une leçon de récapitulation dans laquelle on résumera tout ce qui aura été dit sur la question de morale étudiée dans cette semaine, et où l'on reviendra sur les questions précédentes.

(Extrait du *Bulletin* de février 1888.)

Dans ce Recueil, nous n'avons pas eu la pensée de substituer à l'action personnelle des Maîtres une direction circonscrite dans un cercle restreint, bien que féconde en résultats déjà constatés. Avec les *Maximes et Récits*, l'action de l'éducateur reste pleine et entière; les *Récits* sont l'application immédiate de l'exposition des devoirs moraux; les *Maximes* et les *Réflexions* les résument, les *Récitations* parachèvent l'œuvre et la gravent.

Les *Devoirs écrits ou oraux* permettront enfin aux Maîtres de constater que leur enseignement a été compris.

G. B.   C. C.

Le 30 janvier 1889.

CHAPITRE PREMIER

LA FAMILLE

LEÇON PREMIÈRE

Programme. — LE PÈRE, LA MÈRE ; DEVOIRS D'OBÉISSANCE DE RESPECT, D'AMOUR ET DE RECONNAISSANCE

MAXIMES A ÉTUDIER (Voir le *Bulletin* de février 1888)

1. — Honore ton père et ta mère ; obéis-leur si tu veux qu'on t'obéisse un jour.
2. — Aimer ses parents, c'est le plus doux et le plus sacré des devoirs.
3. — Heureux qui peut rendre à son père et à sa mère tous les soins qu'il en a reçus dans son enfance.

RESPECT DE LA FAMILLE

I

Depuis quelques années, on se préoccupe de donner à notre jeunesse scolaire ce qu'on est convenu d'appeler l'enseignement civique. On a raison. Mais il est assez difficile de déterminer exactement ce que doit comprendre cet enseignement. La pédagogie seule ne suffirait point à cette tâche ; il y faudrait encore le concours des moralistes et des philosophes.

Un enseignement de ce genre peut être étendu à l'infini. Si j'avais une leçon à faire sur la famille, je dirais à cette jeunesse scolaire : « Mes chers enfants, vous entendrez dire souvent que les républicains n'ont point l'amour de la famille.

Autant vaudrait prétendre qu'ils sont étrangers au culte de la morale, ce qui serait une injustice ; car personne ne peut se soustraire aux préceptes de cette dernière. Pas plus chez les républicains que chez leurs adversaires, vous ne trouverez des hommes assez * audacieux pour écrire : « Tu ne respecteras point ton père ni ta mère ; tu ne rempliras pas envers eux le devoir d'assistance ; tu détesteras ton frère et ta sœur, et tu demeureras étranger à ceux qui sont issus d'eux ». Dans notre société actuelle, celui qui tiendrait un pareil langage serait aussitôt *honni et *conspué partout le monde.

Cette pudeur prouve au moins que notre société moderne est fort épurée ; car l'antiquité semble s'être préoccupée beaucoup plus d'asseoir le principe de l'autorité du père de famille que de déterminer les devoirs des enfants envers leurs parents. Le père avait droit de vie et de mort sur les enfants ; il pouvait les vendre et *répudier la mère.

On vous a souvent cité Abraham se croyant obligé de sacrifier son fils Isaac à la divinité. Mettons de côté cette croyance religieuse, qui n'a rien de commun avec notre sujet ; vous verrez que cet exemple confirme le droit de vie et de mort reconnu autrefois au père de famille sur ses enfants. Aujourd'hui, nos mœurs se sont adoucies. Non seulement le père de famille ne peut plus disposer de la vie et de la liberté de ses enfants ; mais encore la loi civile lui impose l'obligation de les nourrir, de les élever et de les pourvoir autant que possible d'un moyen de gagner leur subsistance, lorsque par leur âge ou leur force ils échapperont à sa tutelle.

Mais ce sont là des obligations qui découlent de la loi civile dans les sociétés perfectionnées. Il y en a d'autres qui *préexistent. Ce sont celles qui dérivent de la loi naturelle, c'est-à-dire de la loi qui n'a pas besoin d'être écrite. En échange de la sollicitude qu'ils leur ont témoignée lorsqu'ils étaient sans défense contre la misère, la maladie et la mort, de tout temps les enfants ont dû le respect, l'obéissance et l'assistance à leurs parents infirmes. L'exemple d'Enée sauvant, sur ses épaules et au péril de ses jours, son père Anchise du sac et de la ruine de *Troie, vient à l'appui de ma *thèse. Il prouve que, même dans ces sociétés antiques, la loi morale, c'est à dire naturelle, dominait la législation civile encore barbare.

II

Les lois positives modernes sont donc d'accord avec le droit naturel, c'est-à-dire avec la morale, — car je ne fais pas ici de ces distinctions subtiles qui appartiennent aux *jurisconsultes et aux *philosophes, — sont d'accord, dis-je, pour prescrire le respect de la famille. Et c'est ici, mes chers enfants, que j'aperçois un lien très étroit entre ce respect et le devoir social dont vous êtes tenus également. Vous n'êtes pas protégés seulement contre les petites misères de la vie, la faim, la soif, le chaud, le froid, etc., par vos parents. Vous l'êtes encore dans votre liberté, vos droits, vos coutumes, vos usages..., etc., par la collectivité, c'est-à-dire par une autre grande famille qui s'appelle la commune ou l'Etat, suivant la nature des avantages dont vous avez le droit de jouir, et qu'on voudrait vous retirer par violence, ruse ou autrement. Vous avez, à l'endroit de cette grande famille, les mêmes devoirs que ceux dont vous êtes tenus envers les auteurs directs de vos jours. Ceux qui ont appris à être respectueux de leurs parents sont presque nécessairement de bons citoyens. Ils savent, en effet, que s'il est nécessaire de faire des sacrifices à l'harmonie de cette petite tribu née sous le même toit, à plus forte raison il est indispensable de faire de grandes concessions au bien général de la grande famille qui se nomme la NATION; car c'est elle qui jouera le rôle du père protecteur quand viendront les grands périls extérieurs.

Peut-être, mes chers enfants, avez-vous entendu dire par certains réformateurs qu'il ne devrait plus y avoir de frontières, et que tous les peuples sont destinés à être frères, comme vous l'êtes un peu dans vos villages. C'est peut-être là un rêve de l'avenir; mais, aujourd'hui, tout s'oppose encore à sa réalisation. Vous ne pouvez pas faire que vos mœurs, vos coutumes, vos habitudes, vos usages, soient les mêmes, par exemple, que ceux des peuples qui habitent au-delà du Rhin ou des mers. Trouveriez-vous bon que ces peuples vinssent chez vous, vous imposer leur manière de vivre, s'emparer de vos maisons, cultiver vos champs, s'en attribuer le produit, vous contraindre à partager leurs croyances? Assurément non!

Vous faites donc partie d'une collectivité qui a le même intérêt que vous à défendre vos foyers et vos usages. Dans la liste générale des peuples qui vivent sur la terre et s'y agitent, vous êtes donc partie d'une grande famille qui s'appelle la *famille française*. Si vous voulez la voir prospère, accordez à ses lois et à ses chefs le respect et l'obéissance que vous ne refusez jamais à celui qui gouverne votre famille privée; car il y a entre elles une étroite solidarité. C'est ce qu'enseignent tous les républicains de bonne foi. Ils ne prétendent point, d'ailleurs, au monopole de cette sagesse ; et ils admettent très bien que, parmi les membres des anciens partis, on trouve des hommes pensant, sur ce point, exactement comme eux-mêmes.

J. GROS, *Député.*

PIÉTÉ FILIALE

Le feu du mont Etna, après avoir renversé tous les obstacles et brisé toutes les digues qui s'opposaient à son passage, sortit un jour avec impétuosité et se répandit de tous côtés.

Ce torrent portait partout le ravage et la désolation. Les moissons et tous les lieux cultivés d'alentour, les maisons, les forêts et les collines couvertes de verdure, tout était la proie de ce terrible fléau. A peine les flammes avaient-elles commencé à se répandre, que * Catane se sentit agitée d'un violent tremblement de terre ; on vit même qu'elles avaient déjà pénétré dans la ville.

Chacun tâche alors, selon ses forces et son courage, d'arracher ses richesses à la fureur du feu. L'un gémit sous le pesant fardeau de son argent ; l'autre est si troublé qu'il prend les armes, comme s'il voulait combattre contre cet élément. Celui-ci accablé sous le poids de ses richesses, peut-être acquises par ses crimes, ne saurait avancer pendant que le pauvre, chargé d'un fardeau plus léger, court avec une extrême vitesse ; enfin chacun fuit, chacun emporte ce qu'il a de précieux. Mais tous ne peuvent pas également se sauver ; le feu dévore ceux qui sont les plus lents à fuir, et ceux qu'une * sordide avarice a retenus trop longtemps.

Amphinone et son frère portaient avec un courage égal le précieux fardeau dont ils étaient chargés. Comme le feu gagnait déjà les maisons voisines, ils aperçoivent leur père et leur mère, accablés de vieillesse et d'infirmités, se tenant avec peine à la porte de leur maison où ils se sont traînés. Ces deux enfants courent à eux, les prennent et partagent ce fardeau sous lequel ils sentent augmenter leur force.

O troupe avare! épargne-toi la peine d'emporter ces trésors; jette les yeux sur ces deux frères qui ne connaissent d'autre richesse que leur père et leur mère. Ils enlèvent ce pieux butin et marchent à travers les flammes, comme si le feu leur avait promis de les épargner.

O piété! la plus grande de toutes les vertus, celle qui doit être la plus recommandable aux hommes. Les flammes la respectent dans ces jeunes gens, et, de quelque côté qu'ils tournent leurs pas, elles se retirent. Jour heureux, malgré ses ravages! Quoique l'incendie exerce sa fureur de tous côtés, les deux frères traversent toutes les flammes comme en triomphe : ils échappent l'un et l'autre, sous ce pieux fardeau, à la violence du feu qui modère sa fureur autour d'eux. Enfin ils arrivent en lieu de sûreté, sans avoir reçu aucun mal. Les poètes ont célébré leurs louanges.

Ces deux frères se sont rendus si fameux par cet exploit, que * Syracuse et * Catane se disputent encore à présent l'honneur de leur avoir donné la naissance. L'une et l'autre de ces villes ont dédié des temples à la piété filiale en mémoire de cet événement.

RÉFLEXIONS. — La reconnaissance est la mémoire du cœur. Elle nous fait un devoir de rendre à nos parents, en échange de la vie qu'ils nous ont donnée et des soins dont ils nous ont entourés, toutes les attentions que réclament leur vieillesse et leurs infirmités, et, au besoin, à exposer notre vie pour prolonger la leur.

Un enfant qui aime ses parents leur obéit sur le champ ; il évite de leur causer le moindre chagrin et professe pour eux une sorte de culte.

EXERCICES ORAUX OU ÉCRITS

1. — Qu'ont fait pour vous vos parents ? Que leur devez-vous en retour ?
2. — Est-il juste qu'un enfant se dévoue pour ses parents et pour quelles raisons ?
3. — Citez des exemples de dévouement d'enfants pour leurs parents, et dites ce que vous pensez d'une telle conduite.

LEXIQUE

Audacieux... Qui a une hardiesse extrême.
Honni....... Couvert de honte, déshonoré.
Conspué..... Méprisé.
Répudier.... Renvoyer suivant les formes légales ; renoncer à une chose.
Préexister... Exister avant.
Troie....... Ville d'Asie mineure dont le siège dura dix ans. (XIIIe siècle av. J.-C.)
Thèse....... Proposition que l'on émet avec l'intention de la soutenir.
Antique..... Très ancien.
Jurisconsulte Celui qui est versé dans la connaissance des lois et du droit.
Philosophe.. Celui qui s'applique à rechercher les causes et les principes ; ami de la sagesse.
Sordide..... Excessif, honteux, en parlant de l'avare et de l'avarice.
Syracuse.... Ville de Sicile, patrie d'Archimède.
Catane...... Ville de Sicile, plusieurs fois dévastée par l'Etna (88,000 habitants).

RÉCITATION

Le petit lapin indocile.

Un jeune lapin, échappé du terrier contre l'ordre de sa mère, se jouait au beau soleil du matin sur l'herbe tendre et le serpolet odorant. Il était tout entier au plaisir, tandis que sa mère, inquiète sur son sort, le cherchait de tous côtés.

« Hélas ! disait-elle, si le renard le rencontrait, il serait perdu, il ne saurait pas encore éviter et fuir ce méchant animal. » Le renard le rencontra en effet.

« Bien ! mon petit ami, lui cria-t-il dès qu'il l'aperçut, bien ! Vous ne pouviez mieux faire que de quitter le terrier pour jouir de cette belle matinée ; sans vous, je courais grand risque de ne pas déjeuner aujourd'hui. »

Et, cela dit, il sauta sur le petit lapin dont il ne fit que trois bouchées.

La désobéissance a conduit plus d'un enfant à sa perte.

FÉNELON.

LEÇON II

Programme. — GRANDS-PARENTS. — FRÈRES ET SŒURS

MAXIMES

1. — Nous devons à nos grands-parents d'autant plus de bonheur qu'ils sont plus près de nous quitter.
2. — La tendresse des enfants soutient les vieillards.
3. — Un frère est un ami donné par la nature.
4. — O mon frère, marchons toujours la main dans la main, unis par un même amour pour nos parents et notre patrie.

LA FAMILLE DE JEAN-CLAUDE BERNARD

Dans une ferme de la partie haute du canton de Pontarlier, habitait, il y a quelques années, la famille de Jean-Claude Bernard, composée du père, de la mère et de quatorze enfants, sept garçons et sept filles.

Cette famille * patriarcale était très connue et s'était attiré la * sympathie et l'estime dans le pays. On vantait sa scrupuleuse probité, sa charité, * l'aménité de tous ses membres et surtout sa généreuse hospitalité.

Tous les passants, riches ou pauvres, que les affaires ou le hasard amenaient à la ferme, étaient sûrs d'y trouver, avec le gîte et le * couvert, cette cordiale et franche gaieté qui faisait oublier aux premiers leurs affaires et aux autres leurs maux. Les pauvres surtout connaissaient la maison, et il n'était pas rare, dans la morte saison, d'en voir arriver vers le soir cinq ou six par jour. Lorsque la bonne mère Angélique les voyait entrer, elle les faisait asseoir autour d'un grand feu allumé sous la vaste cheminée en attendant le repas qu'ils partageaient avec toute la famille.

On jouissait à la ferme d'une modeste aisance, fruit d'un travail opiniâtre. Il n'en avait pas toujours été ainsi. Le père Jean-Claude, comme on l'appelait dans le pays, avait eu de mauvais jours.

Pendant les premières années de son mariage, il faisait, l'hiver, le commerce des bois de sapin, et ce commerce prospérait ; mais, en 1848, une baisse considérable ayant eu lieu, le petit héritage paternel ne suffit pas à combler le déficit. La gêne était venue ; il fallut redoubler d'ardeur pour nourrir et entretenir la jeune famille. Néanmoins, le père Jean-Claude ne s'était pas découragé. Il était du reste soutenu par sa digne compagne, et quand il lui arrivait de se plaindre, elle lui disait : « Courage ! Dieu ne nous abandonnera pas. » Elle ne s'est pas trompée, la bonne mère ; les dettes ont été payées et les enfants ont pu recevoir une assez bonne instruction. L'aîné, Pierre, est devenu lieutenant dans la douane ; le second, Zéphirin, instituteur ; le troisième, Victor, inspecteur aux Halles centrales, et François, le plus jeune, employé des contributions indirectes. Trois des filles étaient mariées avec des cultivateurs des environs ; la plus jeune, Adèle, était institutrice. Ferjeux, Charles et Jean-Baptiste, ainsi que Claudia, Victorine et Félicienne, étaient à la ferme. Chaque année, à l'automne, tout le monde y venait passer quelques jours. On aimait à retourner aux champs, faucher ou labourer, puis rentrer le soir en exécutant en chœur les chants rustiques que l'on avait appris autrefois. Les mains en souffraient bien un peu, et * l'obésité précoce du Parisien Victor le forçait aussi quelquefois à se plaindre; mais les douces plaisanteries de ses frères et sœurs l'avaient bien vite corrigé de ses * velléités de repos. Le soir, on se réunissait dans la pièce où autrefois l'un des aînés, pendant les longues soirées de l'hiver, étudiait pour devenir instituteur. On y voyait encore un immense tableau noir qui couvrait tout une des faces de la chambre. On y avait fait de tout sur ce tableau : de la grammaire, de l'arithmétique, de l'histoire, de la géométrie et de la musique ! Il reprenait momentanément l'aspect des anciens jours. On écrivait de la musique et tout le monde chantait pendant quelques instants ; puis un des membres de la famille, souvent un des petits-fils, tandis que les filles raccommodaient, filaient ou tricotaient, lisait à haute voix un journal de Paris. Les hommes faisaient quelquefois un brin de politique. Le père Jean-Claude se décidait aussi, mais bien rarement, à faire le récit de ses campagnes. Il avait servi durant la période de 1792 à 1815 ; sa belle conduite lui avait valu en Italie d'être cité à l'ordre du jour ! La soirée se terminait souvent par une petite * sauterie en famille.

Combien tout ce monde s'aimait ! de quelle vénération le père et la mère Bernard étaient l'objet !

A l'automne de l'année 1868 eurent lieu leurs noces d'or : ils comptaient cinquante années de mariage ! Tous les parents et les amis assistaient à cette fête. Le père Jean-Claude n'avait pas oublié de mettre ce jour-là, au revers de son habit, la médaille de Ste-Hélène.

Les aïeuls, aux places d'honneur, avaient un sourire et une bonne parole pour tous les invités. Au dessert, le père Bernard, se levant, adressa à ses enfants les paroles suivantes : « Je ne crois pas avoir éprouvé jamais une plus douce satisfaction que celle que je ressens aujourd'hui ! Ma seule ambition a été de vous voir tous en situation de gagner honorablement votre vie, je crois avoir réussi ; continuez l'œuvre que j'ai commencée en faisant pour vos enfants ce que j'ai fait pour vous. Donnez-leur un fonds solide d'honnêteté et d'instruction. Ayez le respect du nom que vous portez ; je vous le livre sans tache, rappelez-vous que bonne renommée vaut mieux que ceinture dorée.

» Faites l'aumône aux pauvres : la charité n'appauvrit pas, votre bonne mère est là pour l'attester. Ayez toujours les uns pour les autres un sincère et durable amour. Aidez-vous et soutenez-vous toujours ; quoi qu'il arrive, faites votre devoir. Vous aurez certainement dans la vie des moments pénibles ; supportez-les courageusement, et s'il vous arrivait de défaillir, rappelez-vous l'exemple de vos vieux parents. Comme nous ne serons pas toujours parmi vous, j'ai trouvé un moyen de nous rappeler à votre souvenir. Je vous ai ménagé aujourd'hui une surprise ; j'ai fait prévenir M. Buhon, de Pontarlier, qui doit arriver ici à trois heures pour nous photographier tous en un seul groupe. Quand vous serez dispersés, j'espère que ce souvenir (chacun aura le sien) resserrera encore, s'il est possible, les liens qui vous unissent, et vous rappellera les recommandations que je vous adresse. »

Un silence profond avait succédé à ces paroles ; on voyait perler des larmes à toutes les paupières. Alors Pierre, l'aîné, se leva et dit : « Au nom de tous, mon père, je vous promets qu'il sera fait selon votre désir ! »

Pendant bien des années encore, les réunions d'automne ont eu lieu à la ferme. En 1870, sur les sept garçons, cinq ont fait, malgré leur âge déjà avancé, la campagne de France. Il ne restait plus à la ferme qu'un fils et un petit-fils. Deux ans après, celle que les pauvres appelaient leur bienfaitrice vint à mourir. La tristesse, qui depuis la guerre s'était emparée du père Bernard, se trouva dès lors bien accrue. Il est mort en 1880, à l'âge de 96 ans, un jour d'automne, au milieu de ses enfants et de ses petits-enfants. Sa dernière pensée a été pour la France et pour celle qu'il allait rejoindre bientôt. « Souvenez-vous, dit-il à ceux qui l'entouraient, que vous avez un affront à venger, que par delà les Vosges il y a une partie de notre belle France qui ne nous appartient plus! » Ses enfants et ses petits-enfants ont continué les traditions des vieux parents, la ferme est passée en d'autres mains, mais les réunions d'automne n'en continuent pas moins, tantôt chez l'un, tantôt chez l'autre, dans la famille des Bernard, et les pauvres sont toujours sûrs de trouver chez tous la même hospitalité.

(Récit authentique.) BULLE.

RÉFLEXIONS. — La vieillesse est un dieu sur terre. Elle doit être traitée avec des égards particuliers, surtout s'il s'agit de vos grands-parents, mes bons amis, dont rien ne saurait égaler l'affection pour vous. Ecoutez respectueusement leurs avis dictés par une longue expérience. Honte à l'enfant méchant qui se moquerait de leurs conseils ou de leurs infirmités !

Quand l'un de vos frères se trouve dans le malheur, vous avez le devoir de lui venir en aide. Rien n'est plus admirable *qu'une famille bien unie*.

EXERCICES ORAUX OU ÉCRITS

1. — De quoi se compose une famille? Que faut-il faire quand un de ses membres est dans le malheur?
2. — Quels soins devez-vous à vos grands-parents? Comment devez-vous régler votre conduite après leur mort?
3. — Que pensez-vous des enfants qui se querellent pour partager l'héritage de leurs parents, ou qui se font des procès?

LEXIQUE

Patriarcale .... Nombreuse et de mœurs simples.
Sympathie..... Bienveillance expansive
Aménité....... Douceur aimable.
Couvert........ Le vivre, la table.
Morte saison... L'hiver, saison où tout semble dans le repos, la mort.
Déficit......... Excès des dépenses sur les recettes.
Obésité........ Embonpoint excessif.
Velléité........ Volonté faible et impuissante.
Sauterie....... Danse simple et familière.

RÉCITATION
Amour fraternel

J'avais un frère plus âgé que moi de sept ans. Il apprenait la profession de mon père. L'extrême affection qu'on avait pour moi le faisait un peu négliger. Je ne le voyais presque point ; mais je ne laissais pas de l'aimer tendrement. Je me souviens qu'une fois que mon père le châtiait rudement et avec colère, je me jetai impétueusement entre eux, l'embrassant étroitement. Je le couvris ainsi de mon corps, recevant les coups qui lui étaient portés, et je m'obstinai si bien dans cette attitude, qu'il fallut enfin que mon père lui fît grâce, soit désarmé par mes cris et mes larmes, soit pour ne pas me maltraiter plus que lui.

J.-J. ROUSSEAU.

Captivité de Jeanne

Jeanne était au pain sec dans le cabinet noir,
Pour un crime quelconque, et, manquant au devoir,
J'allai voir la proscrite en pleine forfaiture,
Et lui glissai dans l'ombre un pot de confiture
Contraire aux lois. Tous ceux sur qui, dans ma cité,
Repose le salut de la société,
S'indignèrent ; et Jeanne a dit d'une voix douce :
— Je ne toucherai plus mon nez avec mon pouce,
Je ne me ferai plus griffer par le minet.
Mais on s'est récrié : — Cette enfant vous connaît ;
Elle sait à quel point vous êtes faible et lâche,
Elle vous voit toujours rire quand on se fâche.
Pas de gouvernement possible. A chaque instant
L'ordre est troublé par vous ; le pouvoir se détend ;
Plus de règle. L'enfant n'a plus rien qui l'arrête.
Vous démolissez tout. — Et j'ai baissé la tête,

Et j'ai dit : — Je n'ai rien à répondre à cela,
J'ai tort. Oui, c'est avec ces indulgences-là
Qu'on a toujours conduit les peuples à leur perte.
Qu'on me mette au pain sec. — Vous le méritez, certe,
On vous y mettra. — Jeanne alors, dans son coin noir,
M'a dit tout bas, levant ses yeux si beaux à voir,
Pleins de l'autorité des douces créatures :
— Eh bien ! moi, je t'irai porter des confitures.

(L'Art d'être grand-père.) [1]   V. HUGO.

LEÇON III

Programme. — DEVOIRS RÉCIPROQUES DES MAITRES ET DES SERVITEURS

MAXIMES

1. — On ne fait bien que le travail qu'on aime.
2. — Vis avec ton inférieur comme tu voudrais que ton supérieur vécût avec toi.
3. — Tel maître, tel valet, tel valet, tel maître.
4. — Ce qui se passe chez le maître doit être un secret pour les domestiques.

Le patron doit remplacer le père, et l'apprenti ou le domestique doit remplacer l'enfant. Voici, à ce sujet une charmante histoire.

MONSIEUR CLAUDE

Non, mes enfants, M. Claude n'a pas toujours été le riche propriétaire du Prélot, et ce * domaine n'est pas un héritage de famille, c'est le fruit de toute une vie de * labeur ; écoutez plutôt son histoire.

M. Claude, autrefois le petit Claude, orphelin de

---

(1) Paris, Hetzel et Paul Meurice, éditeurs. Ouvrage recommandé.

père, était un pauvre enfant élevé par sa mère au prix de mille sacrifices. Dès sa dixième année, il entra comme pâtre au service du père de M. Michel. La mère avait bien pleuré lors de la séparation ; mais, certaine du bonheur de son enfant dans la maison Michel, elle fit taire sa sensibilité maternelle et, avant de l'embrasser, lui adressa ces quelques conseils : « Mon enfant, tes maîtres vont me remplacer auprès de toi ; aime-les donc et prouve-leur ton affection par ton zèle à les servir. Ne reste jamais oisif, songe que le gage que tu reçois est le prix de ton travail ; or, mon enfant, le recevoir sans travailler serait commettre une action malhonnête, tu serais un voleur d'argent. Les serviteurs donnent leurs services, le maître donne ses écus : quitte à quitte ; les bons comptes font les bons amis. Écoute aussi avec attention les explications qui te seront données avant chaque occupation, et mets-les religieusement en pratique. En agissant ainsi, tu rendras ton travail facile et tu l'aimeras. — On ne fait bien que le travail qu'on aime. — Ne te permets jamais aucune objection ; la jeunesse est légère, et la vieillesse a pour elle l'expérience. Sois discret, mon enfant ; tu vas faire partie d'une nouvelle famille ; respectes-en les secrets. « La famille est un tabernacle fermé aux étrangers. » Ne te permets jamais le moindre détournement ; tu serais d'autant plus coupable que tu abuserais de la confiance de tes maîtres. Donc, l'honnêteté la plus scrupuleuse devra présider à toutes tes actions. Que toute fraude te soit en horreur. Allons, Claude, promets-moi de relire quelquefois ces conseils, et pars avec courage, la bénédiction de ta mère t'accompagne. » Une dernière fois, elle serra son fils dans ses bras et l'enfant partit.

Installé chez M. Michel, petit Claude n'eut pas beaucoup de peine à mettre en pratique les recommandations de sa mère, car tout le monde s'appliquait à lui rendre agréable le séjour de la ferme. Dès le soir même de son arrivée, Mme Michel l'avait appelé son enfant et embrassé avant le coucher comme les siens propres. Le lendemain, ce fut par une petite * tape caressante que M. Michel l'éveilla. Heureux des témoignages d'amitié qu'on ne cessait de lui prodiguer, l'enfant aima de tout son cœur ses nouveaux patrons, et s'appliqua au travail afin de leur prouver son affection et de mériter la continuation de la leur.

Devenu jeune homme, Claude trouva dans l'exact accomplissement de ses devoirs la joie que les autres allaient inutilement chercher au cabaret. M. Michel lui avait de bonne heure inspiré l'horreur de ces lieux. C'est là, lui disait-il, le foyer de toutes ces maximes perverses et de tous ces exemples scandaleux qui corrompent la jeunesse ; c'est là l'école où tant de paresseux, d'ivrognes et de fripons se sont formés. Quelle ignominie d'être en contact avec de telles gens ! Puis on disperse rapidement le fruit de son travail. Tel valet, tel maître, et tel maître, tel valet

M. Michel ne se contentait pas de parler : toutes ces maximes, il les mettait scrupuleusement en pratique. C'était l'homme bon, honnête par excellence. Il aimait à former lui-même ses domestiques, et il ne les regardait pas seulement comme des * mercenaires dont on n'exige qu'un service exact, mais comme les membres de la famille dont le mauvais choix est capable de la désoler. En les formant ainsi, il ne songeait pas seulement à lui, mais veillait aussi sur leurs intérêts et leur avenir. Chaque année il ne leur remettait qu'une partie de leur gage, avec la rente que les économies précédentes avaient produite ; l'autre, il se la gardait pour la placer à la caisse d'épargne ou ailleurs.

Tous les serviteurs de M. Michel lui étaient fortement attachés. Il ne les surchargeait pas, comme le font tant de maîtres, d'une tâche au-dessus de leurs forces ; mais aussi, il ne les laissait pas * s'amollir dans l'oisiveté, mère des vices. Ils continuaient à travailler comme ils le faisaient dans la maison paternelle ; de la sorte, ils ne prenaient pas en dédain leur ancienne vie * rustique.

M. Michel était un homme sérieux, réfléchissant sans cesse et ne donnant ses ordres qu'avec précision. S'il avait des observations à faire, c'était toujours avec la même égalité d'humeur qui lui était habituelle. Afin de faciliter le service de ses domestiques, il s'appliquait à le rendre uniforme ; ainsi, il évitait ces pertes de temps que l'on a souvent à déplorer dans les maisons mal ordonnées. Il ne permettait pas non plus que ses enfants donnassent des ordres « Sachez, leur disait-il, que c'est à mon service seul que ces braves gens se sont engagés. Que deviendraient-ils, s'ils devaient satisfaire tous vos caprices ! »

Chaque dimanche, il aimait à visiter ses terres de campagne avec ses domestiques : là, il émettait ses avis sur les différents genres de cultures et ne manquait jamais de les consulter. C'était une manière indirecte de les instruire.

———

Petit Claude a su profiter de ces enseignements ; sa mine intelligente et sa bonne conduite lui ont mérité la main d'une honnête personne dont la petite * dot, jointe à ses économies et à quelques faveurs de

Monsieur Michel, lui a permis d'acheter le domaine du Prélot ; depuis lors, ses affaires ont prospéré. M. Claude a sûrement beaucoup contribué à cette prospérité ; mais il a eu des aides, et ceux-là sont ses serviteurs qui tous l'affectionnent beaucoup et le servent avec zèle, car M. Claude a suivi en tout l'exemple de M. Michel.

Mme PÉQUIGNET.

RÉFLEXIONS. — Un maître est comme un père de famille. Il doit s'occuper de l'instruction de son serviteur comme de celle de son enfant.

Il ne lui fera pas exécuter de travaux au-dessus de son âge. Il prendra soin de son avenir et lui créera une position convenable.

EXERCICES ORAUX OU ÉCRITS

1. — Que devez-vous à vos maîtres ? Parlez de Claude.
2. — Que pensez-vous de celui qui ose dire : j'en donne à mon maître pour mon argent ?
3. — Citez les conseils de la mère de Claude à son fils, et dites ce que vous en pensez.

LEXIQUE

Domaine....... Propriété que possède un individu.
Labeur......... Travail.
Détournement . Soustraction par fraude.
Tape........... Coup donné avec la main.
Mercenaire .... Ouvrier qui travaille pour de l'argent.
Amollir........ Devenir mou.
Rustique ...... Du paysan.
Dot............ Fortune qu'apporte une femme en se mariant.

RÉCITATION

La Politesse

La politesse est à l'esprit
Ce que la grâce est au visage.
De la bonté du cœur elle est la douce image,
Et c'est la bonté qu'on chérit.

VOLTAIRE.

LEÇON IV

Programme. — ÉCOLES, ASSIDUITÉ, DOCILITÉ, CONVENANCE TRAVAIL

MAXIMES

1. — Faites avec intelligence tout ce que vous avez à faire.
2. — Un enfant docile et studieux se prépare un avenir honorable.
3. — Sans exactitude à l'école, pas de progrès possibles.
4. — Savoir pour servir.

Profitez bien du temps qui vous est donné pour vous instruire, car vous n'êtes pas sûrs du lendemain. Lisez plutôt le récit suivant :

LA DERNIÈRE CLASSE DANS UNE ÉCOLE D'ALSACE

Ce matin-là j'étais très en retard pour aller à l'école, et j'avais grand'peur d'être grondé, d'autant que M. Hamel nous avait dit qu'il nous interrogerait sur les participes, et je ne savais pas le premier mot. Un moment, l'idée me vint de manquer la classe et de prendre ma course à travers champs. Le temps était si chaud, si clair ! On entendait des * merles siffler à la lisière du bois, et dans le pré Rippert, derrière la scierie, les Prussiens qui faisaient l'exercice. Tout cela me tentait bien plus que la règle des participes ; mais j'eus la force de résister, et je courus bien vite vers l'école.

En passant devant la mairie, je vis qu'il y avait du monde arrêté près du petit * grillage aux affiches. Depuis deux ans, c'est de là que nous sont venues toutes les mauvaises nouvelles, les batailles perdues, les réquisitions, les ordres de la * commandature ; et je pensai sans m'arrêter : « Qu'est-ce qu'il y a encore? » Alors, comme je traversais la place en courant, le forgeron Wachter, qui était là avec son apprenti en train de lire l'affiche, me cria : « Ne te dépêche pas tant, petit, tu y arriveras toujours assez tôt, à ton école. » Je crus qu'il se moquait de moi et j'entrai tout essoufflé dans la petite * cour de M. Hamel.

D'ordinaire, au commencement de la classe, il se faisait un grand * tapage qu'on entendait jusque dans la rue, les pupitres ouverts, fermés, les leçons qu'on répétait très haut tous ensemble en se bouchant les oreilles pour mieux apprendre, et la grosse règle du maître qui tapait sur les tables : « Un peu de silence ! » Je comptais sur tout ce train pour gagner mon banc sans être vu ; mais justement ce jour-là tout était tranquille, comme un matin de dimanche. Par la fenêtre ouverte, je voyais mes camarades déjà rangés à leurs places, et M. Hamel, qui passait et repassait avec la terrible règle de fer sous le bras. Il fallut ouvrir la porte et entrer au milieu de ce grand calme. Vous pensez si j'étais rouge et si j'avais peur. Eh bien! non. M. Hamel me regarda sans colère et me dit très doucement : « Va vite à ta place, mon petit Frantz ;..... nous allions commencer sans toi. » J'enjambai le banc et je m'assis tout de suite à mon pupitre. Alors seulement, un peu remis de ma frayeur, je remarquai que notre maître avait sa belle redingote verte, son * jabot plissé fin et la calotte de soie brodée qu'il ne mettait que les jours d'inspection ou de distribution de prix. Du reste, toute la classe avait quelque chose d'extraordinaire et de solennel. Mais ce qui me surprit le plus, ce fut de voir au fond de la salle, sur les bancs qui restaient vides d'habitude, des gens du village assis et silencieux comme nous, le vieux Hauser avec son * tricorne, l'ancien maire, l'ancien facteur, et puis d'autres personnes encore; et Hauser avait apporté un vieil * abécédaire mangé aux bords qu'il tenait grand ouvert sur ses genoux, avec ses grosses lunettes posées en travers des pages.

Pendant que je m'étonnais de tout cela, M. Hamel était monté dans sa * chaire, et de la même voix douce et grave dont il m'avait reçu, il nous dit : « Mes enfants c'est la dernière fois que je vous fais la classe. L'ordre est venu de Berlin de ne plus enseigner que l'allemand dans les écoles de l'Alsace et de la Lorraine... Le nouveau maître arrive demain. Aujourd'hui c'est votre dernière leçon de français. Je vous prie d'être attentifs. »

Ces quelques mots me bouleversèrent. Ah! les misérables, voilà ce qu'ils avaient affiché à la mairie.

Ma dernière leçon de français!.... Et moi qui savais à peine écrire. Je n'apprendrais donc jamais. Il faudrait donc en rester là... Comme je m'en voulais maintenant du temps perdu, des classes manquées à courir les nids et à faire des glissades sur la * Saar. Mes livres, que tout à l'heure encore je trouvais si ennuyeux, si lourds à porter, ma grammaire, mon histoire de France, me semblaient à présent de vieux amis qui me feraient beaucoup de peine à quitter. C'est comme M. Hamel. L'idée qu'il allait partir, que je ne le verrais plus, me faisait oublier les punitions qu'il m'avait infligées. Pauvre homme! C'est en l'honneur de cette dernière classe qu'il avait mis ses beaux habits du dimanche, et maintenant je comprenais pourquoi ces vieux du village étaient venus s'asseoir au bout de la salle. Cela semblait dire qu'ils regrettaient de ne pas y être venus plus souvent, à cette école. C'était aussi comme une façon de remercier notre maître de ses quarante ans de bons services, et de rendre leurs devoirs à la Patrie qui s'en allait...

J'en étais là de mes réflexions, quand j'entendis appeler mon nom ; c'était mon tour de réciter. Que n'aurais-je pas donné pour pouvoir dire tout du long cette fameuse règle des participes bien haut, bien clair, sans une faute ; mais je m'embrouillai aux premiers mots, et je restai debout à me balancer dans mon banc, le cœur gros, sans oser lever la tête. J'entendais M. Hamel qui me parlait : « Je ne te gronderai pas, mon petit Frantz, tu dois être assez puni... voilà ce que c'est, tous les jours on se dit : « Bah ! j'ai bien le temps, j'apprendrai demain : » Et puis tu vois ce qui arrive... Ah ! ça été le grand malheur de notre Alsace de toujours remettre son instruction à demain. Maintenant ces gens-là sont en droit de nous dire : « Comment ! Vous prétendiez être Français et vous ne savez ni parler ni écrire votre langue !... » Dans tout ça, mon pauvre Frantz, ce n'est pas toi encore le plus coupable. Nous avons tous notre bonne part de reproches à nous faire. Vos parents n'ont pas assez tenu à vous voir instruits ; ils aimaient mieux vous envoyer travailler à la terre ou aux * filatures pour avoir quelques sous de plus. Moi-même, n'ai-je rien à me reprocher ?... »

Alors, d'une chose à l'autre, M. Hamel se mit à nous parler de la langue française, disant que c'était la plus belle langue du monde, la plus claire, la plus solide, qu'il fallait la garder entre nous et ne jamais l'oublier, parce que *quand un peuple tombe esclave, tant qu'il garde sa langue, c'est comme s'il tenait la clef de sa prison....* Puis il prit une grammaire et nous lut notre leçon ; j'étais étonné de voir comme je comprenais. Tout ce qu'il me disait me semblait facile. Je crois aussi que je n'avais jamais si bien écouté, et que lui non plus n'avait jamais mis autant de patience à ses explications. On aurait dit qu'avant de s'en aller, le pauvre cher homme voulait nous donner tout son savoir, nous le faire entrer d'un seul coup.

La leçon finie, on passa à l'écriture. Pour ce jour-là, M. Hamel nous avait préparé des exemples tout neufs, sur lesquels était écrit en belle ronde : « **France, Alsace! France, Alsace!** » Cela faisait comme de petits drapeaux qui flottaient tout autour de la classe, pendus à la * tringle de nos pupitres. Il fallait voir comme chacun s'appliquait, et quel silence! On n'entendait rien que le grincement des plumes sur le papier. Un moment des * hannetons entrèrent, mais personne n'y fit attention, pas même les tout petits qui s'appliquaient à tracer leurs bâtons avec un cœur, une conscience, comme si cela aussi était du français... Sur la toiture de l'école, des pigeons roucoulaient tout bas, et je me disais en les écoutant : « Pourvu qu'on ne les oblige pas à chanter en allemand! »

De temps en temps, quand je levais les yeux de dessus ma page, je voyais M. Hamel, immobile dans sa * chaire et fixant les objets autour de lui, comme s'il avait voulu emporter dans son regard toute sa petite maison d'école... Pensez! Depuis quarante ans, il était là, à la même place, avec sa cour en face de lui et sa classe toute pareille. Seulement, les bancs, les pupitres s'étaient polis, frottés par l'usage ; les noyers de la cour avaient grandi et le houblon qu'il avait planté lui-même enguirlandait maintenant les fenêtres jusqu'au toit. Quel * crève-cœur ça devait être pour ce pauvre homme de quitter tout cela, et d'entendre sa sœur qui allait, venait, dans la chambre au-dessus, en train de fermer leurs malles ; car ils devaient partir le lendemain, s'en aller du pays pour toujours!

Tout de même, il eut le courage de nous faire la classe jusqu'au bout. Après l'écriture, nous eûmes la leçon d'histoire; ensuite les petits chantèrent tous ensemble le BA, BE, BI, BO, BU. Là bas, au fond de la salle, le vieux Hauser avait mis ses lunettes et tenait son abécédaire à deux mains ; il épelait les lettres avec eux. On voyait qu'il s'appliquait, lui aussi. Sa voix tremblait d'émotion, et c'était si drôle de l'entendre que nous avions tous envie de rire et de pleurer. Ah ! je m'en souviendrai, de cette dernière classe !...

Tout à coup, l'horloge de l'église sonna midi, puis l'Angelus. Au même moment, les trompettes des Prussiens qui revenaient de l'exercice éclatèrent sous nos fenêtres... M. Hamel se leva, tout pâle dans sa chaire. Jamais il ne m'avait paru si grand. « Mes amis, dit-il, je... je... » Mais quelque chose l'étouffait; il ne pouvait pas achever sa phrase.

Alors il se tourna vers le tableau, prit un morceau de craie, et, en appuyant de toutes ses forces, il écrivit aussi gros qu'il put : « VIVE LA FRANCE ! » Puis il resta là, la tête appuyée au mur, et sans parler, avec sa main, il nous faisait signe : « C'est fini..., allez-vous-en. »

(*Contes du lundi.*) [1]   ALPHONSE DAUDET.

RÉFLEXIONS. — Allez à l'école *régulièrement; étudiez* bien vos leçons; *obéissez* à vos maîtres comme à vos parents dont ils ont l'autorité, soyez *reconnaissants* et *respectueux* envers eux. Ne soyez point *paresseux*.

Aimez vos camarades; ne soyez pas *dénonciateurs* et n'ouvrez jamais votre cœur à la *dissimulation* et à *l'hypocrisie*.

On se repent toujours d'avoir mal employé son temps à l'école. C'est là qu'on apprend à *aimer la patrie*.

---

[1] Ouvrage recommandé.

EXERCICES ORAUX OU ÉCRITS

1. — Votre conduite à l'école, envers votre maître, envers vos camarades et envers vous-mêmes ?
2. — Vos devoirs envers votre maître après votre sortie définitive de l'école ?
3. — Comment choisirez-vous vos camarades et que ferez-vous pour eux ?

LEXIQUE

Merle............ Oiseau de l'ordre des passereaux.
Grillage......... Garniture de fil de fer.
Commandature. Résidence du commandant, sorte de chef en Alsace-Lorraine.
Cour............. Espace découvert dépendant d'une habitation et entouré de constructions
Tapage.......... Désordre accompagné de bruit.
Jabot............ Dentelle qui orne le devant d'une chemise d'homme.
Tricorne......... Chapeau à trois cornes.
Abécédaire...... Sorte d'alphabet à l'usage des enfants qui apprennent à lire.
Chaire........... Siège élevé sur lequel on se place pour prêcher ou pour enseigner.
Berlin............ Capitale de la Prusse, sur la Sprée (1,100,000 habit.).
Saar............. Rivière d'Alsace.
Filature......... Établissement où l'on file le lin, le chanvre, etc.
Hannetons...... Genre d'insectes coléoptères nuisibles.
Tringle.......... Baguette de fer mince et ronde, baguette de bois.
Crève-cœur..... Grand déplaisir, douleur mêlée de dépit.

RÉCITATION

La Mauvaise Note

« Pourquoi me donnez-vous une mauvaise note ?
 — C'est pour avoir mal travaillé.
— Eh bien ! dit Marceline (elle n'était point sotte,
 Elle avait l'air fort éveillé),
Ne pourriez-vous pourtant pas m'en donner une bonne ?
Ne me dites-vous pas toujours qu'il est moral
 De rendre le bien pour le mal ?
 Il me semble que je raisonne. »
La maîtresse sourit : « L'argument, chère enfant,
Est assez imprévu, mais n'est pas triomphant.
Vous n'avez pas fait mal à moi, mais à vous-même,
Et je dois vous punir parce que je vous aime. »

 (*Les Petites Femmes.*) [1]   Louis RATISBONNE.

---

(1) Paris, Delagrave, édit. Ouvrage recommandé.

LEÇON V

Programme. — LES CAMARADES

MAXIMES

1. — Toutes les grandeurs de ce monde ne valent pas un bon ami.
2. — Le véritable ami ne change point ; l'adversité est sa véritable pierre de touche.
3. — Choisis pour ton ami l'homme que tu connais le plus vertueux.
4. — Ne quitte pas un ancien ami, car celui de demain ne saurait lui ressembler.

Rien de plus doux et de plus sûr qu'une amitié d'enfance contractée sur les bancs de l'école. Les élèves d'une même classe sont comme des enfants d'une même famille. Ils se doivent une mutuelle assistance.

JEANNOT ET COLIN, OU LE BON AMI

Toutes les grandeurs de ce monde ne valent pas un bon ami.

Jeannot et Colin apprenaient à lire chez l'instituteur du même village. Jeannot était fils d'un marchand de mulets, et Colin devait le jour à un brave laboureur. Ces deux enfants, qui s'aimaient beaucoup, se livraient ensemble aux jeux de leur âge.

Le temps de leurs études était sur le point de finir quand un tailleur apporta à Jeannot un habit de velours à trois couleurs, avec une veste de * Lyon de fort bon goût ; le tout était accompagné d'une lettre à M. de la Jeannotière. Colin admira l'habit et ne fut point jaloux ; mais Jeannot prit un air de supériorité qui affligea Colin.

Dès ce moment, Jeannot n'étudia plus, se regarda au miroir, et méprisa tout le monde. Quelque temps après, un valet de chambre arrive en * poste, et apporte une seconde lettre à M. de la Jeannotière; elle renfermait l'ordre de venir à Paris. Jeannot monta en * chaise, en tendant la main à Colin avec un sourire de protection. Colin sentit son * néant et pleura. Jeannot partit dans toute la * pompe de sa gloire.

Il faut savoir que M. Jeannot père, à force d'*intrigues, avait acquis assez rapidement des biens immenses dans les entreprises. Bientôt on ne l'appela plus que M. de la Jeannotière; il y avait même déjà six mois qu'il avait acheté un marquisat lorsqu'il retira de l'école son fils pour le mettre à Paris dans le beau monde.

Colin, toujours tendre, écrivit une lettre de compliment à son ancien camarade. Le petit marquis ne lui fit point de réponse. Colin fut malade de douleur.

Ruine de M. de la Jeannotière
Son emprisonnement

M. de la Jeannotière voulait donner une éducation brillante à son fils, mais Madame la marquise ne voulait pas qu'il apprît le latin parce qu'on ne jouait la * Comédie et l'*Opéra qu'en français; elle empêcha aussi qu'on lui apprît la géographie parce que, disait-elle, les postillons sauront bien trouver, sans qu'il s'en embarrasse, le chemin de ses terres. Après avoir examiné de cette manière toutes les sciences utiles, il fut décidé que le jeune marquis apprendrait à danser.

On imagine bien qu'éloigné de toutes les études qui devaient occuper un jeune homme, il fut bientôt conduit par l'oisiveté dans le * libertinage. Il dépensa des sommes immenses à rechercher de faux plaisirs, pendant que ses parents s'épuisaient encore davantage à vivre en grands seigneurs.

Ces folies eurent un terme, et un beau jour, les *huissiers envahirent l'hôtel de M. de la Jeannotière, saisirent les meubles au nom des créanciers, et conduisirent le propriétaire en prison.

En rentrant chez lui, Jeannot trouva sa mère seule, sans secours, sans consolation, noyée dans les larmes il ne lui restait rien que le souvenir de sa fortune et de ses folles dépenses.

Cependant le marquis alla chez ceux qu'il avait vus venir le plus familièrement dans la maison de son père; ils le reçurent tous avec une politesse étudiée ; mais ne lui donnant que de vagues espérances. Il apprit mieux à connaître le monde dans une demi-journée que dans tout le cours de sa vie.

Rencontre de Jeannot et de Colin

Comme il était plongé dans l'accablement du désespoir, Jeannot vit avancer une chaise roulante, à l'antique, espèce de tombereau couvert avec des rideaux de cuir, suivie de quatre charrettes énormes toutes chargées. Il y avait dans la chaise un jeune homme grossièrement vêtu ; c'était un visage rond et frais qui respirait la douceur et la gaîté ; sa petite femme brune et assez grossièrement agréable était cahotée à côté de lui. La voiture n'allait pas comme le char d'un *petit-maître. Le voyageur eut tout le temps de contempler le marquis immobile, abîmé dans sa douleur. « Ah ! mon Dieu, s'écria-t-il, je crois que c'est là Jeannot ! » A ce nom, le marquis lève les yeux: la voiture s'arrête. C'est Jeannot lui-même, c'est Jeannot !... Le petit homme ne fait qu'un saut et court embrasser son ancien camarade. Jeannot reconnut Colin. La honte et les pleurs couvrirent son visage : « Tu m'as abandonné, lui dit Colin ; mais tu as beau être grand seigneur, je t'aimerai toujours. »

Jeannot, confus et attendri, lui conta, en sanglotant, une partie de son histoire. « Viens dans l'hôtellerie où je loge me conter le reste, lui dit Colin, embrasse ma petite femme et allons dîner ensemble. »

Les Jeannot retournent dans leur pays et se remettent au travail

Ils partent tous trois à pied, suivis du bagage :

JEANNOT. — Qu'est-ce donc que tout cet * attirail ?... Vous appartient-il ?

COLIN. — Oui, tout est à moi et à ma femme. Nous arrivons du pays : je suis à la tête d'une bonne * manufacture de fer * étamé et de cuivre ; j'ai épousé la fille d'un riche négociant en ustensiles nécessaires aux grands et aux petits ; nous travaillons beaucoup. Dieu nous bénit ; nous n'avons pas changé d'état. Nous sommes heureux ; nous aiderons notre ami Jeannot.

Ne sois plus marquis : toutes les grandeurs de ce monde ne valent pas un bon ami. Tu reviendras avec moi au pays, je t'apprendrai le métier, il n'est pas bien difficile ; je te mettrai de part, et nous vivrons gaîment dans le coin de terre où nous sommes nés. »

Jeannot éperdu se sentait partagé entre la douleur et la joie, la tendresse et la honte, et il se disait tout bas : « Tous mes amis du bel air m'ont trahi, et Colin, que j'ai méprisé, vient seul à mon secours. Quelle instruction ! »

La bonté d'âme de Colin développa dans le cœur de Jeannot le germe du bon naturel que le monde n'avait pas encore étouffé ; il sentit que l'on ne pouvait abandonner son père et sa mère : « Nous aurons soin de ta mère, dit Colin, et quand à ton bonhomme de père qui est en prison, j'entends un peu les affaires, et je me charge des siennes. »

Il vi effectivement à bout de le tirer des mains de ses créanciers. Jeannot retourna dans sa patrie avec ses parents qui reprirent leur première profession ; il épousa la sœur de Colin, laquelle, étant de même humeur que son frère, le rendit très heureux. Et Jeannot le père, et Jeannotte la mère, et Jeannot le fils, virent que le bonheur n'est pas dans la vanité.

D'après VOLTAIRE.

RÉFLEXIONS. — Les camarades doivent *s'entr'aimer* et *s'entr'aider* comme des *frères*. En ne travaillant pas, on s'expose à devenir *vicieux*, car la *paresse* est la source de bien des *vices*.

Le bonheur n'est point dans la vanité ; l'exemple de Jeannot et de Colin, dont le genre de vie était si différent, est une excellente leçon pour la jeunesse.

EXERCICES ORAUX OU ÉCRITS

1. — On dit souvent que c'est dans l'adversité qu'on connaît ses amis. Justifiez cette maxime.
2. — Montrez que les amitiés d'enfance sont souvent les plus durables, et dites-en la raison.
3. — En quelles circonstances faut-il aider ses camarades ? Citez les différents moyens de leur venir en aide.

LEXIQUE

Lyon............ Chef-lieu du département du Rhône, au confluent du Rhône et de la Saône, 376,700 habitants, célèbre par ses filatures de soie.

Poste........... Arriver en poste, c'est-à-dire dans une voiture qui fait le service des dépêches.

Chaise......... (Chaise de poste) voiture de voyage.

Néant.......... Ce qui n'existe pas, ou qui a peu de valeur et d'importance.

Pompe......... Appareil magnifique, fastueux.

Intrigue.......	Manœuvre, machinations secrètes pour faire réussir ou manquer une affaire.
Comédie.......	Pièce de théâtre; le théâtre lui-même.
Opéra..........	Tragédie en vers, mise en musique. Théâtre où l'on joue des opéras.
Libertinage....	Conduite d'un libertin, c'est-à-dire d'un homme sans morale.
Huissiers......	Officiers ministériels chargés de signifier certains actes de procédure, et de faire opérer les remboursements.
Petit-Maître...	Homme d'une élégance exagérée.
Attirail........	Assortiment de choses nécessaires pour un usage déterminé.
Manufacture...	Fabrication de certains produits. — Lieu où ils se fabriquent.
Etamé	Couvert d'une couche d'étain.
Créancier......	Celui à qui on doit une somme d'argent.

RÉCITATION

Aux Rapporteurs

C'est un bien grand défaut que d'aller rapporter ;
Ne vous permettez pas cette lâche vengeance.
Si l'on vous fait du mal, sachez le supporter ;
Qu'un oubli généreux suive à l'instant l'offense.

X...

Les deux Amis

Deux vrais amis vivaient au Monomotapa (1);
L'un ne possédait rien qui n'appartint à l'autre.
  Les amis de ce pays-là
  Valent bien, dit-on, ceux du nôtre.
Une nuit que chacun s'occupait au sommeil,
Et mettait à profit l'absence du soleil,
Un de nos deux amis sort du lit en alarme;
Il court chez son intime, éveille les valets :
Morphée avait touché le seuil de ce palais.
L'ami couché s'étonne; il prend sa bourse, il s'arme,
Vient trouver l'autre, et dit : Il vous arrive peu
De courir quand on dort; vous me paraissez homme
A mieux user du temps destiné pour le somme :
N'auriez-vous point perdu tout votre argent au jeu ?
En voici. S'il vous est venu quelque querelle,

---

(1) Ancien royaume d'Afrique, appelé aujourd'hui Cafrerie.

J'ai mon épée, allons. Vous ennuyez-vous point...
Non, dit l'ami, ce n'est ni l'un ni l'autre point :
  Je vous rends grâce de ce zèle.
Vous m'êtes, en dormant, un peu triste apparu :
J'ai craint qu'il ne fût vrai ; je suis vite accouru.
  Ce maudit songe en est la cause.

Qui d'eux aimait le mieux ? Que t'en semble, lecteur ?
Cette difficulté vaut bien qu'on la propose.
Qu'un ami véritable est une douce chose !

Il cherche vos besoins au fond de votre cœur ;
  Il vous épargne la pudeur
  De les lui découvrir vous-même ;
  Un songe, un rien, tout lui fait peur,
  Quand il s'agit de ce qu'il aime.

LA FONTAINE.

CHAPITRE II

LA PATRIE

LEÇON VI

Programme. — LA PATRIE : SES GRANDEURS, SES MALHEURS
SES VERTUS

MAXIMES

1. — Mourir pour la patrie, c'est le sort le plus beau, le plus digne d'envie.
2. — A cœur vaillant, rien n'est impossible.
3. — A tous les cœurs bien nés que la patrie est chère.
4. — Les enfants d'une même patrie doivent s'aimer comme les enfants d'une même mère.

CE QUE C'EST QUE LA PATRIE

Savez-vous ce que c'est que la patrie?

Voici l'admirable définition qu'en donne un écrivain de ce siècle, Louis-Marie de La Haye, vicomte de Cormenin :

« La patrie, mes enfants, ce n'est pas seulement votre plaine ou votre coteau, la flèche de votre clocher ou la fumée de vos cheminées qui monte dans l'air, ou la cime de vos arbres, ou les chansons monotones de vos pâtres! La patrie, c'est la Picardie pour les habitants de la Provence ; c'est la Bretagne pour les montagnards du Jura, c'est tout ce que notre vieille France contient de pays et de citoyens dans les vastes limites du Rhin, des Pyrénées et de l'Océan! La patrie, c'est ce qui parle notre langue, c'est ce qui fait battre nos cœurs, c'est l'unité de notre territoire et de notre indépendance, c'est la gloire de nos pères, c'est la communauté du nom français, c'est la grandeur de la liberté! La patrie, c'est l'azur de notre ciel, c'est le doux soleil qui nous éclaire, les beaux fleuves qui nous arrosent, les forêts qui nous ombragent et les terres fertiles qui s'étendent sous nos pas! La patrie, c'est tous nos concitoyens, grands ou petits, riches ou pauvres! La patrie, c'est la nation que vous devez aimer, honorer, servir et défendre de toutes les facultés de votre intelligence, de toutes les forces de votre bras, de toute l'énergie et de tout l'amour de votre âme... »

Notre patrie est une terre bénie et bien digne d'être aimée. « Elle produit le blé qui nourrit les hommes et le vin qui réjouit et fortifie les cœurs. Des arbres de toutes sortes l'embellissent et l'enrichissent : le figuier, l'olivier, le mûrier qui alimentent nos

« magnaneries, le chêne, le pin, les arbres à fruits y croissent abondamment. » De vastes pâturages repaissent des troupeaux nombreux qui bondissent sur des terres inaccessibles à la culture. Dans son sein on trouve d'inépuisables mines de sel, de charbon, de fer, de cuivre, de plomb, et d'autres métaux utiles qui dispensent les Français de recourir à l'industrie étrangère.

Un tel pays ne doit-il pas faire envie à ses voisins?

Ses Grandeurs

La France a bien eu des journées de deuil, mais elle a eu aussi des journées éclatantes.

Nos ancêtres, les Gaulois, étaient une race brave. On se rappelle qu'ils ne craignaient qu'une chose : « la chute du ciel. »

Eh bien! mes petits amis, la race n'a pas dégénéré. Elle est à la fois une race brave et fière. Elle a produit dans chaque siècle des héros et des martyrs, qui ont préféré mourir au champ d'honneur plutôt que manquer à leur dignité de citoyens, car rien n'est plus haïssable chez nous que la lâcheté.

Avec de telles qualités chez un peuple, il est impossible de ne pas voler à la victoire.

Je serais fort embarrassé s'il me fallait citer tous les beaux faits d'armes des Français ; j'énumérerai seulement quelques-uns des plus marquants :

Bouvines, Marignan, Cérizoles, Rocroy, Denain, Fontenoy, Valmy, Jemmapes, Arcole, Rivoli, Marengo, Austerlitz, Iéna, Friedland, Wagram, la Moskowa, Mazagran, Isly, Sébastopol, Solférino, Belfort, Tuyen-Quan.

Les hommes de guerre qui se sont illustrés par leurs brillants exploits sont aussi trop nombreux pour les indiquer tous. Souvenez-vous seulement des principaux :

Duguesclin, Dunois, Bayard, Henri IV, Condé, Turenne, Luxembourg, Catinat, Vendôme, Hoche, Marceau, Kléber, Bonaparte, Carnot, l'organisateur de la victoire, qui, en 1792, sauva la France envahie par tous les rois de l'Europe coalisée.

Rappelez-vous également le capitaine Lelièvre qui, à Mazagran (1840), avec 143 soldats français, fit battre en retraite 15,000 Arabes ; le colonel Denfert-Rochereau qui ne voulut pas rendre Belfort aux Prussiens et leur opposa une résistance héroïque ; le commandant Tessier, à Bitche, et une foule d'autres braves qui ont fait flotter notre drapeau tricolore dans toutes les capitales de l'Europe.

Le courage civil compte aussi en France des hommes dont on doit connaître les noms :

François Debergue ; les trois instituteurs de l'Aisne: Debordeaux, Poulette et Leroy ; Chauvin, instituteur à Cussey - sur - l'Ognon (Doubs), tous fusillés par les Prussiens sous de futiles prétextes, et beaucoup d'autres héros, sans omettre Mlle Dodu, Mlle Suzanne Didier, etc., dont vous connaissez les beaux actes de dévouement.

La France est grande aussi dans la science. « Aucun peuple, plus que le peuple français, n'a été tourmenté de l'ardente passion de savoir.

» Elle a produit des mathématiciens comme Descartes ; des astronomes comme Leverrier et Arago ; des physiciens comme Gay-Lussac et Ampère ; des chimistes comme Lavoisier et M. Berthelot ; des naturalistes comme Cuvier, Buffon, et M. Pasteur, dont notre Franche-Comté est justement fière ; des philosophes comme Pascal, Montesquieu, Jouffroy ; des historiens comme Mignet, Michelet, Guizot, Thiers, etc., etc.

Dans les arts, elle a eu des peintres remarquables, comme Le Sueur, Le Poussin, David, Claude le Lorrain, etc.; des sculpteurs, Jean Goujon, Puget, etc.; des musiciens, Boïeldieu, Hérold, et l'éminent M. Gounod, que l'Europe, comme la France, admire présentement ; des écrivains illustres, comme Corneille, Racine, Voltaire, J.-J. Rousseau, Chateaubriand, Lamartine, Victor Hugo, etc.

Aucun peuple, en Europe, ne peut citer autant d'illustrations.

La France n'a donc point dégénéré ; elle est encore le flambeau de la civilisation ; elle est le mobile qui porte chez les nations du monde, non le fer et la flamme, mais la liberté.

Ses Malheurs

A trois époques principales, l'ennemi a souillé notre sol national. La guerre de Cent ans a vu l'Anglais maître de la France. Une héroïne, Jeanne d'Arc, a ranimé le courage des vaincus, et a pu hâter la libération du territoire.

En 1792, les armées de l'Europe se sont abattues sur la France comme un vautour sur sa proie ; mais nos généraux et nos conscrits * imberbes ont fait des prodiges de valeur.

En 1870, pendant la dernière guerre avec la Prusse, la France a eu la poignante humiliation de subir le joug terrible de l'envahisseur. Paris même a dû lui ouvrir ses portes. Ce spectacle serait bien fait pour nous décourager, si nous n'avions confiance en l'avenir. Oui, nous avons confiance, mes amis, et c'est sur vous que nous comptons pour la réparation.

Un traître a livré notre pays aux Allemands à qui on a cédé une partie de notre territoire et une rançon de cinq millards. C'est une tache qui ne peut être lavée que dans le sang. Vous la laverez complétement, cette tache, petits Français, quand l'heure aura sonné.

En attendant, mes amis, suivez ce conseil du grand patriote Gambetta, parlant de la revanche : « Il faut s'y préparer toujours, et n'en parler jamais. »

Ses Bienfaits

Vous devez toute votre reconnaissance à la Révolution de 1789 qui a proclamé l'*égalité* des droits civils et politiques, qui a aboli le *droit d'aînesse*, les *privilèges* de toute nature, les *redevances seigneuriales* la *dîme* et autres impôts* iniques payés par la bourgeoisie ou les paysans.

« L'idée de justice, sortie de la Constituante, ne s'est point arrêtée à nos frontières. » Elle a porté dans toute l'Europe, et même dans d'autres parties du monde connu, les bienfaits de la *liberté* et de l'*égalité* qui sont pour la France un nouveau titre de gloire.

RÉFLEXIONS. — « La force nous sépare pour un temps seulement de l'Alsace, berceau traditionnel du patriotisme français... Que nos frères se consolent en pensant que la France, désormais, ne saurait avoir d'autre politique que leur délivrance ; pour atteindre ce résultat, il faut que **tous les Français oublient leurs divisions et s'unissent** étroitement dans la pensée patriotique d'une **Revanche** qui sera *la protestation du droit et de la justice* contre la force et l'infamie. » LÉON GAMBETTA.

Oui, petits Français, souvenez-vous!.....

EXERCICES ORAUX OU ÉCRITS

1. — Qu'appelle-t-on la patrie? Que doit faire un bon citoyen pour la bien servir.
2. — Connaissez-vous, dans l'histoire des jours malheureux et des jours heureux pour la France? Citez-les avec quelques petits détails.
3. — La France peut-elle périr? Appuyez votre réponse sur des faits historiques.

LEXIQUE

Monotone...... Qui est sur le même ton, qui manque de variété
Magnanerie.... Lieu où l'on élève les vers à soie.
Inaccessible... Où l'on ne peut avoir d'accès, d'entrée.
Imberbe....... Qui n'a pas de barbe; très jeune homme.
Inique......... Injuste à l'excès.

RÉCITATION

Vœux pour la France

Dieu de la liberté, chéris toujours la France :
Fertilise nos champs, protège nos remparts ;
Accorde-nous la paix et l'heureuse abondance
    Et l'empire éternel des arts.
Donne-nous des vertus, des talents, des lumières,
L'amour de nos devoirs, le respect de nos droits,
Une liberté pure et des lois tutélaires,
    Et des mœurs dignes de nos lois.

Marie-Joseph CHÉNIER.

Metz et Strasbourg

Ainsi nous n'avons plus Strasbourg, nous n'avons plus
Metz, la chaste maison des vieux francs chevelus !
Et ces cités, pourtant, c'est l'éternelle France...
J'en atteste l'œil bleu de la sainte Espérance,
L'honneur, le droit, l'autel où l'on prie à genoux,
Cette Lorraine et cette Alsace, c'est à nous !

Victor HUGO.

LEÇON VII

Programme. — OBÉISSANCE AUX LOIS.

MAXIMES

1. — Les lois ressemblent aux habits : elles gênent un peu, mais elles préservent.
2. — Le peuple français doit, plus qu'un autre, respecter la loi faite par ses mandataires.
3. — Celui qui viole la loi est un mauvais citoyen.
4. — Il faut, dans un pays civilisé, des magistrats obéissant aux lois, et des citoyens obéissant aux magistrats.

La loi est l'expression de la volonté générale. En France, elle est faite par le Sénat et la Chambre des Députés qui constituent le Parlement. Elle est exécutoire après sa *promulgation par le Président de la République.

OBÉISSANCE A LA LOI

La loi, en général, est une règle de conduite imposée par une autorité à laquelle on est tenu d'obéir.

Les lois, quelle que soit leur origine, ont toutes le même but, c'est-à-dire le plus grand bien-être des hommes, réunis en société.

Quant aux moyens d'atteindre ce but, ils varient dans chaque pays, suivant les mœurs, la religion, les richesses, le climat, l'intelligence, etc.

La loi, a dit Montesquieu, n'est que la raison, en tant qu'elle gouverne tous les peuples de la terre, et les lois particulières à chaque peuple ne sont que des cas auxquels s'applique cette raison.

Supposez une terre où n'existerait qu'un seul être de l'espèce humaine : sur cette terre, il n'y aurait pas besoin de loi ; je veux parler de lois d'origine humaine, c'est-à-dire conventionnelle, attendu que la volonté de cet homme unique tiendrait lieu de loi à tout ce qui l'entoure.

Sans nous arrêter, en effet, aux discussions quelque peu oiseuses de certains philosophes qui ont longtemps recherché si les animaux ont une âme, on doit admettre que la nature a créé ces derniers inférieurs à l'homme, au moins par l'intelligence, et que dès lors ils lui sont soumis, pour peu qu'il ait l'adresse de s'en emparer. C'est ce qui arrive, d'ailleurs, pour les forces physiques qui *préexistent dans le monde, comme la chaleur, le mouvement, l'électricité.

Au contraire, la nécessité d'une loi conventionnelle s'impose dès que deux individus de l'espèce humaine habitent sur la même terre. Il faut évidemment que ces deux êtres semblables conviennent d'une règle commune pour vivre, autrement le plus faible finirait par être *asservi au plus fort et réduit à la condition des animaux. Le moins qu'ils puissent faire alors, c'est de convenir qu'ils n'attenteront pas à la vie l'un de l'autre et que chacun restera possesseur du sol qui le nourrit, du toit sous lequel il s'abrite. Sans doute, il y a eu dès l'origine des exceptions à cette règle, et il y en a même encore de nos jours. Mais il a suffi qu'un certain nombre d'êtres humains reconnussent cette nécessité, pour que l'espèce puisse se perpétuer et vivre à l'état de famille, c'est-à-dire de société ou réunion d'hommes vivant en corps de nation sous l'autorité des mêmes lois. Telle est l'origine de la loi humaine ou conventionnelle. On la retrouve chez les nations les plus barbares, les plus sauvages, où elle n'est souvent qu'une coutume, mais une coutume qui fait loi.

Dans nos sociétés civilisées, la loi prend des formes diverses. Elle est communale ou générale, suivant qu'elle est applicable en particulier aux habitants d'une commune spéciale ou à tous les membres d'une nation. La formation des communes et leur administration privée remontent au berceau des sociétés; à peine quelques familles se sont-elles réunies, qu'elles ont senti le besoin d'une administration intérieure et d'une police locale auxquelles devaient être soumis tous les membres de la communauté. Ce sont les conséquences forcées de la nature des choses. Cette administration et cette police appartiennent au pouvoir municipal qui a son principe dans cette idée que tous les membres d'une commune ont des intérêts communs et des devoirs communs. D'où découle la nécessité d'avoir des mandataires chargés de gérer ceux-là et de veiller à l'exécution de ceux-ci ; de là aussi pour les habitants le droit de choisir leurs administrateurs. Le pouvoir municipal est représenté par un conseil électif, délibérant sur les intérêts de tous, puis par un pouvoir chargé de suivre et de mener à bonne fin les délibérations prises ; c'est le pouvoir exécutif. Le maire est chargé de la police municipale, de la police rurale, de la voirie municipale, de l'administration des propriétés de la commune, de la gestion de ses revenus, etc., etc.

Le maire a le droit de prendre des arrêtés, c'est-à-dire des règlements obligatoires comme les lois, lorsqu'ils ont été pris dans la limite de ses attributions.

La loi générale fixe des règles d'après lesquelles les citoyens d'une même nation jouiront de leurs droits civils ou politiques, contribueront à la défense du pays, paieront l'impôt, ou seront punis pour manquements à l'ordre établi, etc., etc.

Dans les sociétés dont nous parlons, il existe aussi une loi supérieure, d'ordre essentiellement politique, qui détermine ce qu'on peut appeler les garanties de la nation. Elle établit, par exemple, que les pouvoirs publics ne pourront pas attenter à la liberté de conscience, à la liberté individuelle, au travail. Le législateur a bien le droit de réglementer ces matières ; mais le principe doit en être respecté dans toutes les sociétés libres.

Depuis quelques années surtout, on marche aussi à grands pas vers une autre loi, la loi internationale, qui aurait pour objet la réglementation des rapports des nations entre elles. Cette législation, que nous appelons de tous nos vœux, aurait pour but d'éviter, par la voie de * l'arbitrage, les *conflits armés, ce fléau des peuples.

Quelle qu'elle soit, la loi, communale, générale ou politique, est obligatoire pour tous les citoyens, qui doivent s'incliner devant les actes de l'autorité, à moins toutefois que ces actes soient entachés d'illégalité, auquel cas l'on n'est pas tenu de s'y soumettre.

Nous savons qu'il existe, depuis quelque temps surtout, une école de prétendus hommes politiques qui soutiennent qu'il ne faut pas de gouvernement, c'est-à-dire pas de lois. Les partisans de cette doctrine se donnent le nom d'ANARCHISTES, mot qui vient d'une expression grecque signifiant : absence de gouvernement. Le jour où il n'y aurait plus de lois et par conséquent plus d'agents pour les faire respecter, plus de magistrats pour les appliquer, le monde reviendrait véritablement à la barbarie. Les plus forts et les plus violents * opprimeraient les plus faibles ; nul ne serait certain du lendemain. Si chacun n'était pas maître de son bien, de son patrimoine, du champ que nous a légué notre père ou que nous avons acquis par notre travail, — et c'est la loi qui nous en donne la paisible possession, — si nous n'étions pas certains de pouvoir transmettre à nos enfants ce que nous avons gagné péniblement, — et c'est encore la loi qui leur en assure la transmission, — personne ne prendrait plus la peine de travailler pour accroître son bien-être et celui des siens.

Tout citoyen doit donc obéissance à la loi et a intérêt à lui obéir, puisque la loi garantit tous ses droits, punit toutes les fautes, si elle est impuissante à les prévenir, lui assure la liberté de sa personne, de son travail, de ses convictions politiques, religieuses, en même temps que le droit de les exprimer librement.

Pour que cette loi protectrice, tutélaire, puisse fonctionner, il faut des agents pour la faire exécuter et pour l'appliquer. Ces agents sont rétribués par la collectivité, c'est-à-dire par les communes ou l'État. On subvient à cette dépense par l'impôt. Il est quelquefois lourd à supporter, mais l'impôt n'est en réalité que la part contributive de chaque citoyen dans ce que certains législateurs appellent les *frais de garde* du patrimoine commun, et ce patrimoine se compose de tous vos droits publics ou privés.

Obéissez à la loi; elle est imparfaite, sans doute, parce qu'il n'est pas donné à l'homme d'atteindre la perfection; mais, si imparfaite qu'elle soit, elle est encore la meilleure et même l'unique garantie de vos libertés et de votre existence.

G. BERNARD, *Député*.

RÉFLEXIONS. — Tout Français doit le service militaire *en personne*. Nul n'a le droit de se soustraire à cette obligation. Être soldat c'est à la fois un *devoir* et un *honneur*. Ceux qui se mutilent pour s'en exempter sont des *lâches*. Ils sont méprisés par tout le monde, et punis ensuite par les tribunaux pour leur désobéissance à la loi militaire, qui est *égale* pour *tous*.

EXERCICES ORAUX OU ÉCRITS

1. — Par qui la loi est-elle votée? Y a-t-il obligation d'obéir à la loi?
2. — Quand une loi semble contraire aux intérêts de la plupart, peut-on la violer? Que faire, alors?
3. — La loi doit-elle être la même pour tous? Quelles peines doit-elle établir?

LEXIQUE

Préexister ... Exister avant.
Asservir ..... Réduire à une dépendance extrême;
Mandataire .. Qui a mandat d'agir au nom d'un autre
Arbitrage .... Jugement de personnes prises comme experts.
Conflit .... Lutte; action de se disputer un droit; combat.
Opprimer .... Accabler par la violence ou par l'abus de l'autorité.

RÉCITATION

Conseils aux futurs citoyens

Enfants, vous serez soldats ; souvenez-vous que pour faire un bon soldat, il faut être robuste, et par conséquent tempérant et sobre ; discipliné, et par conséquent obéissant; courageux envers l'ennemi et doux envers les prisonniers. Vous avez des supérieurs dans vos magistrats : souvenez-vous que l'obéissance à la loi est le devoir de chacun, parce que *la loi est la volonté de tous.*

CORMÉNIN.

Le Vrai Patriote

Il n'y a de bon patriote que l'homme vertueux, que l'homme qui comprend et qui aime tous ses devoirs, et qui se fait une étude de les accomplir.

Il ne se confond jamais avec l'adulateur des puissants, ni avec celui qui hait malignement toute autorité : être servile et irrévérencieux sont deux excès semblables.

S'il est dans les emplois du gouvernement, civils ou militaires, son but n'est pas sa propre richesse, mais bien l'honneur et la prospérité du pays et du peuple.

S'il est simple citoyen, c'est là encore son vœu le plus ardent, et il ne fait rien qui s'y oppose ; il fait au contraire tout ce qu'il peut, afin d'y contribuer.

Il sait qu'il y a des abus dans toutes les sociétés, et il désire qu'on les réforme; mais il a horreur de celui qui voudrait les réformer par les rapines et les vengeances sanguinaires, car de tous les abus, ceux-là sont les plus terribles et les plus funestes.

SILVIO PELLICO.

LEÇON VIII

Programme. — SERVICE MILITAIRE — DISCIPLINE
FIDÉLITÉ AU DRAPEAU

MAXIMES

1. — Nous aimons nos parents, nos enfants, nos proches, nos amis ; la patrie résume en elle seule toutes nos affections.
2. — Quand il s'agit de défendre la patrie, toutes nos inimitiés doivent cesser, toutes nos affections doivent se taire : l'homme s'efface, il ne reste que le citoyen.
3. — Nous ne devons jamais porter les armes contre notre patrie, même quand elle nous a traités injustement.
4. — Sans discipline, il n'y a pas d'armée.

SACRIFICE A LA PATRIE

EXEMPLES DE DÉVOUEMENT PATRIOTIQUE

Parmi les belles actions qui se sont passées dans la Vendée, et qui ont honoré la guerre de la liberté contre la tyrannie, la nation entière doit distinguer celle d'un jeune homme dont la mère a déjà occupé la Convention. Je veux parler de Barra ; ce jeune homme, âgé de treize ans, a fait des prodiges de valeur dans la Vendée. Entouré de brigands qui, d'un côté, lui présentaient la mort, et, de l'autre, lui demandaient de crier : Vive le roi ! il est mort en criant : Vive la République ! Ce jeune enfant nourrissait sa mère avec sa paye ; il partageait ses soins entre l'amour filial et l'amour de la patrie. Il n'est pas possible de choisir un plus bel exemple, un plus parfait modèle pour exciter dans les jeunes cœurs l'amour de la gloire, de la patrie et de la vertu, et pour préparer les prodiges qu'opérera la génération naissante. En décernant les honneurs au jeune Barra, vous les décernerez à toutes les vertus, à l'héroïsme, au courage, à l'amour filial, à l'amour de la patrie.

Les Français seuls ont des héros de treize ans ; c'est la liberté qui produit des hommes d'un si grand caractère. Vous devez présenter ce modèle de * magnanimité, de morale, à tous les Français et à tous les peuples : aux Français, afin qu'ils ambitionnent d'acquérir de semblables vertus et qu'ils attachent un grand prix au titre de citoyen français ; aux autres peuples, afin qu'ils désespèrent de soumettre un peuple qui compte des héros dans un âge si tendre.

Je demande que les honneurs du * Panthéon soient décernés à Barra, que cette fête soit promptement célébrée et avec une pompe analogue à son objet et digne du héros à qui nous la destinons. Je demande que le génie des arts caractérise dignement cette cérémonie qui doit présenter toutes les vertus, que * David soit spécialement chargé de prêter ses talents à l'embellissement de cette fête.

ROBESPIERRE.

Voici, mes enfants, de beaux exemples de dévouement patriotique ; je veux parler des trois instituteurs de l'Aisne : Debordeaux, Poulette et Leroy, dont une gravure représentative est suspendue au mur de votre école.

Debordeaux, instituteur à Pasly, à la tête des gardes nationaux de cette commune et de ceux de Vauxrezis, défend le passage de l'Aisne, et est pris les armes à la main.

Poulette, instituteur à Vauxrezis, détruit la liste des gardes nationaux afin d'éviter la mort de ceux-ci, que les Prussiens voulaient fusiller pour les punir de s'être défendus. Dénoncé par un traître, le garde champêtre Poitevin, Poulette fut aussi arrêté et livré aux ennemis.

Leroy, instituteur à Vendières, accusé d'être le chef d'une compagnie de francs-tireurs, est arraché de sa classe, accablé de coups de pied et de coups de crosse de fusil par les Prussiens. Il est traîné jusqu'à leur camp. Tous sont fusillés.

Ces trois instituteurs, animés du plus profond amour de la patrie, ont sacrifié leur vie noblement pour elle.

Pour perpétuer la mémoire de ces héros, on a placé dans la cour de l'école normale de Laon une plaque commémorative qui porte ces mots : « A la mémoire
» de Debordeaux (Jules-Denis), instituteur à Pasly ; de
» Poulette (Louis-Théophile), instituteur à Vauxrezis,
» fusillés par les Prussiens pour avoir défendu leur
» pays les 10 et 11 octobre 1870 ; et de Leroy (Jules-
» Athanase), instituteur à Vendières, victime d'une
» inique condamnation de la part de l'ennemi, le
» 22 janvier 1871.

» Le Conseil général de l'Aisne a érigé ce monument. »

Vous le voyez, mes enfants, l'instituteur ne consacre pas seulement sa vie à vous instruire, il se sacrifie aussi quand il le faut pour la patrie.

RÉFLEXIONS. — Nous nous devons, avant tout, à la patrie, comme un enfant se doit à ses parents. Il n'y a pas de gloire plus belle que celle d'un soldat ou d'un citoyen qui meurt pour sa patrie.

Le vrai soldat méprise la faim, la soif, la fatigue, les blessures même pour voler à la défense de son drapeau.

EXERCICES ORAUX OU ÉCRITS

1. — Que deviendrait une armée sans discipline ? — Souvenirs de Crécy, de Poitiers, d'Azincourt ou de la Mansourah.
2. — L'histoire ne montre-t-elle pas, par de nombreux exemples, que les femmes peuvent aussi défendre la patrie, et ranimer l'espoir des vaincus ?
3. — En 1870, au moment de la guerre franco-allemande, n'y-a-t-il pas eu des officiers qui ont préféré mourir plutôt que de livrer leurs drapeaux ? Citez leurs noms.
4. — Que penser des traîtres qui, à Sedan et à Metz, ont livré leurs drapeaux à l'ennemi ?

LEXIQUE

Magnanimité.. Vertu de l'homme qui a l'âme grande, des sentiments élevés et généreux.
Panthéon...... Monument de Paris destiné à la sépulture des grands hommes.
David......... Célèbre peintre français (1748-1825).
Inique........ Injuste à l'excès.

RÉCITATION

Le Soldat

Toi qui, de si leste façon,
Mets ton fusil de bois en joue,
Un jour tu feras tout de bon
Ce dur métier que l'enfant joue.

Il faudra courir sac au dos,
Porter plus lourd que ces gros livres,
Faire étape avec des fardeaux,
Cent cartouches, trois jours de vivres.

Tu seras soldat, cher petit.
Tu sais, mon enfant, si je t'aime ;
Mais ton père t'en avertit,
C'est lui qui t'armera lui-même.

Quand le tambour battra demain,
Que ton âme soit aguerrie :
Car j'irai t'offrir, de ma main,
A notre mère, la Patrie !

(*Extraits.*)　　　　　　　　　　　DE LAPRADE.

LEÇON IX

Programme. — DÉVOUEMENT A LA PATRIE

MAXIMES

1. — Le sang ne coûte rien qui nous vaut la victoire.
2. — La brute, c'est le lâche, et l'instinct c'est la peur.
3. — Servir sa patrie par amour pour elle, c'est se trouver suffisamment récompensé lorsqu'on l'a servie.
4. — Tout pour la patrie.

Si nous aimons réellement notre patrie, nous accomplirons joyeusement tous nos devoirs, sans ostentation, uniquement parce que *c'est le devoir*. De cet amour au sacrifice, c'est-à-dire au dévouement patriotique, il n'y a qu'un pas. L'exemple suivant nous le montre pleinement. [1]

LE SERGENT

. . . .
Or, ce jour-là, le vieux vainqueur était en fête,
Son régiment devait marcher au Prussien.
Et comme on lui parlait du bruit d'une défaite :
« Ça n'est pas vrai d'abord, et puis ça n'y fait rien !
Possible ! ajoutait-il d'un ton de confidence,
Qu'à triompher sans nous on ait eu quelque mal ;
C'étaient nos violons qui manquaient à la danse,
Mais ça marchera bien quand nous serons du bal. »
Le régiment, placé tout d'abord en réserve
Au revers d'une crête, attendait là son tour ;
Et, le cœur tout en joie et l'esprit tout en verve,
Le sergent contemplait sa troupe avec amour.
Presque tous ses soldats étaient des vieux d'Afrique,
Tenaces, Dieu sait comme ! ardents, Dieu sait combien !
Et leur clignant de l'œil pour toute rhétorique,
Maître Jacques, joyeux, se disait : « Ça va bien ! »
Quand, s'étant reculé pour juger de l'ensemble,
Il fronça les sourcils, et de sa grosse voix :

---

(1) Voir également *Hommage à Denfert,* par M. Viette, à la fin de ce volume.

« Mais, nom dé nom ! fit-il, mon numéro trois tremble !
Numéro trois, sortez ! venez, numéro trois ! »
Et ce fut un petit paysan, triste et * blême
Qui tout tremblant sortit des rangs et s'avança.
« Nous avons peur, dit Jacques, extrêmement peur même..
Qui diable m'a donné des conscrits comme ça ! »

Mais l'autre avait rougi jusqu'aux yeux : « Sauf excuse,
Mon sergent, je n'ai pas si peur que j'en ai l'air. »
Et Jacques, souriant de sa mine confuse :
— C'est jeune, c'est craintif; mais c'est Français, c'est fier.
Et lui prenant l'oreille avec un air * paterne :
« Ben ! non ! tu n'as pas peur, dit-il, ça n'est pas vrai,
Seulement il te manque au fond de ta giberne
Deux grains de diable au corps, je te les y mettrai !
— S'il vous plaisait, sergent, les mettre tout de suite,
Je sens que j'attendrais plus gaîment le signal...
Ils font là-bas un bruit de canon qui m'agite.

— Je suis sûr que tu crois qu'on va te faire mal ?
— Mais je ne le crois pas, sergent, je le suppose.
— Les suppositions ne valent rien jamais.
La bataille a bien ses dangers comme autre chose,
Plus nombreux, j'en conviens, mais gais, je te promets.
Oh ! gais, sergent ? — Mais oui, très gais ! Rien n'est
Comme d'aller traîner ses guêtres sans efforts; [maussade
Marcher, contre-marcher, sans la moindre * gambade :
Un petit tour de feu, c'est la santé du corps !
— Ça dépend des santés, sergent, je vous assure.
Puis... ça ne vous a pas toujours tant réussi...
— Parce que tu me vois au front une blessure ?
Eh bien ! et celle-là, petit, et celle-ci ? »
Et le petit conscrit ouvrait des yeux immenses.
« Tu vois qu'on n'en meurt pas à tous les coups, mon cher.
— Non, mais à tous les coups, je vois qu'on a des chances.
— Ah ! ce n'est plus la pêche à la ligne, c'est clair,
Mais si nous revenons du feu levant la tête,
C'est qu'il faut un certain * toupet pour y courir ;
Et l'orgueil qu'on en garde a pour cause secrète,
Non d'avoir su tuer, mais d'avoir pu mourir.
Qu'on donne à ça le nom qu'on voudra, peu m'importe !
Amour de la patrie ou culte du drapeau,
Ce qui rend l'homme fort est chose vraiment forte.

C'est très joli, la paix..., la guerre c'est très beau !
Aussi, vois-tu, petit, je ris quand j'entends dire :
« La guerre est un fléau ! la guerre est une horreur !
La bataille est l'instinct de brutes en délire... »
La brute, c'est le lâche, et l'instinct, c'est la peur !
La peur qui fait crier la bête au cœur de l'homme,
La peur qui le fait fuir en troupeaux éperdus,
Qui, dégradante au fond, est maladroite en somme,
Car l'ennemi vous vise et vous ne visez plus.

Et puis, petiot, sais-tu ce que c'est que la fuite ?
Ce n'est pas seulement, — ce qui serait assez ! —
La défaite et son train, la * débâcle et sa suite,
C'est l'abandon des morts et l'oubli des blessés.
Oui, ceux que le vainqueur rencontre, il les assiste,
Mais comment irait-il chercher tous les débris ?
L'appel, tu le sais bien, ne se fait pas sans liste ;
Il faut les vieux sergents pour compter les conscrits.
Enfin, si malgré tout, tu fléchis sur ton centre,
Si tu te sens tourner les talons... pense encor :
La balle dans le dos tue aussi bien qu'au ventre ;
Pour être moins longtemps tapés, tapons plus fort !
Est-ce compris ? — Mon Dieu ! sergent, ça l'est sans l'être.
Vous dites que la peur est idiote, quoi !
Qu'une fois qu'on s'y met, eh bien ! il faut s'y mettre ;
Et qu'on doit devenir un homme, qu'on le doit.
Pour le reste... parlant, sergent par révérence,
Il est des mots qui m'ont échappé dans le tas.
Pourtant je me sens mieux, puis j'ai votre assurance
Que si je suis touché vous ne m'oublierez pas.
Mais... hein ? Vous avez dû souffrir ? — Ça me regarde.
Si j'ai souffert ou non, aucun n'en a rien su,
Ça reste entre mon cœur, mon sabre et ma cocarde.
C'était pour le Pays, bien donné, bien reçu !
— Ah ! ce doit être dur, pourtant ! — Bah ! quelle histoire !
De ces duretés là, j'en redemande encor.
Le sang ne coûte rien qui nous vaut la victoire,
Et puis, ces rubans-là ressuscitent un mort !

Et le héros montrait du pouce sa poitrine,
Où son vieux cœur de flamme avait de fiers reflets !
Et le conscrit, avec une rage mutine :
« Ah ! sergent, je voudrais être brave ! — Tu l'es !

Mais retourne à ton rang, conscrit, on va se battre.
Tu voudras quelque chose et tu feras quelqu'un.
Tiens, siffle dans ma gourde un peu de fil-en-quatre.
— Pour la France et pour vous, sergent! — Ça ne fait
[qu'un! »

———

. . . .

Le lendemain, au jour, sous un toit en ruine,
Le sergent reposait couché sur un grabat,
Des bandages couvraient son front et sa poitrine,
Et le petit conscrit veillait le vieux soldat!
Un rayon de soleil vint frapper son visage:
« Où diable suis-je donc ? fit Jacque ouvrant les yeux,
Je ne reconnais plus du tout le paysage.
Tiens! te voilà, conscrit? et tout entier? tant mieux!
— Faut pas parler sergent. — Tu m'imposes silence?
Oh! non! ce n'est pas moi, sergent, c'est un docteur.
— Ah! ton docteur! il peut garder son ordonnance;
Il ne guérira pas la plaie, elle est au cœur.
Nous sommes prisonniers ? — Non, sergent, j'ai su feindre.
Quand ils sont arrivés sur nous, — c'était d'abord
Que vous étiez tombé, mon sergent, — sans rien craindre,
Je m'ai (1) couché par terre et puis j'ai fait le mort ;
Et puis quand j'ai connu qu'ils s'en allaient au large,
Et puis quand j'ai connu qu'une ferme était là,
Je m'ai (1) dit : Mon sergent, c'est moi que je m'en charge,(1)
Et je m'en suis chargé sur mon dos et voilà !
— C'est bien, petit, très bien ! tu sais ?... Je m'en rapporte.
Mais c'est très bête aussi de t'être évertué
A ramasser un vieux cadavre de ma sorte :
Je ne suis pas blessé, conscrit, je suis tué.
— Ne dites donc pas ça, sergent, c'est pas comique.
Voyons, ça vous connaît, le plomb, ça vous a vu ?
Et puis tous ces rubans là-bas, sur la tunique
Ça ressuscite un mort ? — Pas quand il est vaincu !...
Mets-les au pied du lit, pourtant, que je les voie :
Ah ! Inkermann, l'Alma, Palestro, Magenta !
Mes vieux honneurs, mes vieux dangers, ma vieille joie !
Tout ça c'était bien beau !... C'est bien fini tout ça !...

———

(1) Expressions contraires aux règles de la grammaire.

— Faut pas pleurer, sergent, dit l'enfant tout en larmes.
— Faut pas se souvenir non plus, mais le moyen ?
Enfin, je pars n'ayant jamais rendu mes armes.
Dix contre un, c'était trop ! cinq heures ce fut bien !
. . . .
Quand tu m'enterreras, comme le temps te presse,
Fais ça tout seul, un trou, deux branches, ça suffit.
Et pas de nom, la lettre arrive sans adresse !
Mais, pour que le bon Dieu n'en fasse pas trop fi,
Tu me cachèteras avec mes cinq médailles.
Il comprendra très bien que ça veut dire : urgent !
Car le bon Dieu s'appelle aussi Dieu des batailles...
Dis donc, conscrit, il va me renommer sergent ? »
Un sourire éclaira cette face défaite
Où la vie éclatait jusque dans le trépas.
« Tu partiras, pas vrai, sitôt la chose faite
Et tu prendras ma croix d'honneur, tu la prendras,
Et quand dans les combats qu'on va livrer encore,
Quand dans des jours, des jours moins désastreux qu'hier
Tu seras décoré par celui qui décore,
Promets-moi de porter ma croix, j'en serai fier !
Un frisson glacial envahit tout son être.
« Conscrit, murmura Jacque en le touchant du doigt
Embrasse-moi, conscrit..., embrasse ton vieux maître...
Ah ! s'il laissait beaucoup d'élèves comme toi..! »
Mais un jet de sang noir s'échappa de sa bouche :
Un éclair traversa ses grands yeux éblouis,
Et, s'étant soulevé dans un élan farouche,
Le sergent retomba, disant : « Pour mon pays ! »

(Nouveaux Chants du soldat.) [1]   Paul DÉROULÈDE.

Réflexions. — La mort n'est rien pour le soldat quand la Patrie sort victorieuse des luttes et des batailles. D'innombrables actes de dévouement patriotique ont été remarqués pendant nos guerres récentes, notamment en 1870-1871. Ces actes héroïques doivent être pour notre jeunesse française une leçon continuelle, sinon une menace secrète.

---

(1) Paris, Calmann Lévy. Ouvrage recommandé, 3 vol. Prix : 4 fr. chaque (en vente séparément).

EXERCICES ORAUX OU ÉCRITS

1. — Racontez l'histoire de Viala et de Barra.
2. — Parlez des trois instituteurs de l'Aisne qui sont morts pour la défense de la patrie.
3. — Racontez la bataille de Reischoffen, le dévouement des cuirassiers et celui des Belfortains commandés par Denfert-Rochereau.

LEXIQUE

Blême .... très pâle.
Paterne......... paternel ; qui marque la bonté.
Gambade ...... bond vif et sans cadence.
Toupet......... hardiesse [dans ce cas].
Débâcle........ revers de fortune ; bouleversement.

RÉCITATION

Morts pour la patrie

Ceux qui pieusement sont morts pour la patrie
Ont droit qu'à leur cercueil la foule vienne et prie.
Entre les plus beaux noms leur nom est le plus beau.
Toute gloire près d'eux passe et tombe éphémère ;
Et comme ferait une mère,
La voix d'un peuple entier les berce en leur tombeau !

    Gloire à notre France éternelle !
    Gloire à ceux qui sont morts pour elle !
    Aux martyrs ! aux vaillants ! aux forts !
    A ceux qu'enflamme leur exemple,
    Qui veulent place dans le temple,
    Et qui mourront comme ils sont morts.

Victor HUGO.

LEÇON X

Programme. — L'IMPOT

MAXIMES

1. — A voler l'Etat, on ne s'enrichit pas.
2. — Contrebandiers et voleurs peuvent se donner la main.
3. — L'impôt est une dette sacrée que chacun doit payer.
4. — Voler l'Etat est une aussi mauvaise action que de voler un particulier.

L'impôt est une chose juste et utile ; il est fondé sur la nécessité d'entretenir le bien-être, la dignité, la sûreté d'un pays. Il prend diverses formes (contributions directes, contributions indirectes, douanes, octroi, patentes, etc.) mais tout citoyen doit tenir à honneur de le payer. Le fraudeur, tôt ou tard, est toujours puni.

LA FRAUDE EN MATIÈRE D'IMPOTS

Combien de braves gens n'hésitent pas à * frustrer le Trésor public par de fausses déclarations de ventes, de baux, sous prétexte que l'Etat n'est pas quelqu'un ! Mais c'est bien plus que quelqu'un, c'est tout le monde, et tout le monde représentant ce qu'il y a de plus sacré dans la société, la loi. N'importe, on commet * allègrement cette fraude, quoiqu'elle soit aggravée d'un mensonge, et souvent d'un mensonge signé.

Je ne puis me rappeler, à ce sujet, sans en rire et sans en être touché, le trait caractéristique d'un de mes plus chers amis. Il porte dans toutes les choses de la vie, et surtout dans les questions d'argent, une inflexibilité de principes, un absolu dans la probité, une délicatesse allant jusqu'au * chevaleresque, qui lui ont valu dans le monde le surnom de don * Quichotte. Or donc, X... revenait de Belgique avec sa belle-mère. La brave dame avait acheté à * Malines de fort belles dentelles et les avait adroitement cachées dans ses malles, au milieu de ses robes. Arrivés à la frontière, son gendre lui dit : « N'oubliez pas de déclarer vos dentelles... — Par exemple ! il me faudrait payer des droits énormes. — Mais ces droits, vous les devez. — Je les dois ! à qui ? Pourquoi ? — Parce qu'il y a une loi sur * l'importation qui frappe d'un impôt... — Est-ce que c'est moi qui l'ai faite, cette loi ? Est-ce qu'on m'a demandé mon avis pour la faire ? Je la trouve absurde, moi, cette loi, je la trouve * inique, oppressive... et je ne comprends pas qu'un libéral comme vous approuve une telle tyrannie. J'y échappe ; c'est mon droit. — Mais c'est de la contrebande..., et la contrebande est une fraude. — Assez, reprit-elle assez sèchement. Vous n'avez pas la prétention, j'imagine, de m'apprendre ce que j'ai à faire. Donc taisez-vous. »

Il se tut, mais quand on en vint à l'examen des malles et que le douanier demanda aux voyageurs s'ils n'avaient rien à déclarer, mon ami, avec le calme qui lui est propre, répondit : « Oui, monsieur ; madame a ici des dentelles qui, je crois, doivent payer à l'entrée. »

La fureur de la dame, vous vous l'imaginez. Elle ne pouvait rien dire, le douanier était là ; il lui fallut ouvrir ses malles, dérouler ses bandes de Malines et payer un droit qui lui parut exorbitant. A chaque pièce de dentelle qu'elle montrait et à chaque somme d'argent qu'elle tirait, elle lançait à son gendre des regards * furibonds et des imprécations sourdes, qu'il essuyait avec un * flegme imperturbable. Mais l'histoire eut un dénouement bien imprévu. La vue de l'honnêteté a un tel * ascendant, même sur ceux qu'elle condamne ou irrite que, la visite finie et les deux voyageurs restés seuls, la belle-mère de mon ami se retourna vers lui, et, après un moment de silence, lui sautait au cou : « Mon gendre, vous êtes un brave homme, il faut que je vous embrasse ».

Ernest LEGOUVÉ.

RÉFLEXIONS. — L'impôt est une chose juste et nécessaire. S'y soustraire, c'est faire preuve de mauvais citoyen ; c'est voler tout le monde. « Pour l'entretien de la force publique, et pour les dépenses d'administration, une contribution commune est indispensable ; elle doit être répartie également entre tous les citoyens en raison de leurs facultés. »

EXERCICES ORAUX OU ÉCRITS

1. — Que pensez-vous des contrebandiers, et du genre de vie qu'ils mènent ? Montrez que, tôt ou tard, cette vie aventurière les conduit au déshonneur.
2. — Montrez comment le fraudeur est un voleur ? Faites voir aussi que le bon citoyen paye sans murmurer parce que *c'est la loi*.
3. — Parlez des droits de douanes et d'enregistrement.

LEXIQUE

Frustrer....... Priver de son droit, tromper.
Allègrement... D'une manière allègre, c'est-à-dire joyeuse, gaie.
Chevaleresque Noble, généreuse, digne d'un chevalier.
Don Quichotte. Héros d'un roman espagnol, redresseur de torts.
Malines........ Ville de Belgique, dentelles renommées.
Importation... Action d'importer, d'introduire dans un pays des produits du dehors.
Inique......... Injuste à l'excès.
Contrebande.. Introduction en fraude de marchandises prohibées ou soumises à des droits.
Douanier...... Préposé de la douane chargé de percevoir les droits sur les produits importés ou exportés.
Exorbitant.... Qui dépasse la juste mesure.
Furibond...... Furieux, qui se livre à la fureur.
Flegme........ Qualité d'un caractère froid, lent à s'émouvoir.
Ascendant.... Influence, autorité morale.

RÉCITATION

La Loi

... La liberté ne veut pas de despotes,
Chapeau bas, grands seigneurs! chapeau bas, sans-culottes,
Et saluez la loi, non les individus ;
Car ce n'est qu'à la loi que ces respects sont dus.
Le nouveau droit commun confond toutes les classes ;
Je ne distingue plus ni familles, ni races ;
Le peuple est tout le monde, et les nobles anciens,
Tombés nobles se sont relevés citoyens.

Je veux tout simplement briser la tyrannie ;
Qu'elle vienne d'en haut, qu'elle vienne d'en bas,
Elle est la tyrannie et je ne l'aime pas.

PONSARD [1]

---

(1) Calmann-Lévy, éditeur, Paris.

LEÇON XI

Programme. — LE VOTE LIBRE, CONSCIENCIEUX, ÉCLAIRÉ, DÉSINTÉRESSÉ.

MAXIMES

1. — Dans un pays de liberté comme la France, le vote est libre.
2. — Un électeur doit toujours voter selon sa conscience.
3. — Il n'y a rien de plus honteux que d'acheter des voix, sinon de vendre la sienne.
4. — Un électeur choisit, par amour de la patrie, de bons conseillers municipaux, de bons conseillers généraux, de bons députés.
5. — Un mandat public est comme une caisse à garder ; il ne faut le confier qu'à des gens probes.
6. — Voter est un devoir.
7. — Le droit de voter impose l'obligation de s'instruire.

Voici, mes bons amis, une petite histoire, qui vous montrera l'importance du vote, et les devoirs que vous aurez à remplir quand vous serez devenus citoyens.

UN ÉLECTEUR CONSCIENCIEUX

Un illustre * magistrat venait de quitter, dans un âge avancé, la carrière qu'il avait glorieusement parcourue. Il se trouvait depuis quelques mois dans son pays natal, au milieu de ses parents et de ses amis, à deux cents lieues de la localité où il avait longtemps rendu la justice, et où son nom figurait encore sur la liste électorale. Il jouissait là d'un repos bien mérité, après avoir consumé sa vie dans les soins et les préoccupations d'une profession laborieuse.

Il apprend alors qu'une importante élection se prépare. Il se dit aussitôt qu'il a un devoir à remplir.

On essaye de le retenir. L'un lui objecte son grand âge, l'autre la longueur de sa route ; un troisième lui dit que son suffrage n'aura pas grand poids dans la balance électorale, etc., etc...

« Cessez vos discours, leur répond le vénérable et énergique magistrat ; vous ne me persuadez pas. Je suis âgé, il est vrai, mais je suis *libre*. Et quand il s'agit d'exprimer ma volonté par un vote, je ne relève plus que de ma *conscience* : je sais *sacrifier mes intérêts* particuliers aux intérêts de mon pays. Pendant quarante-deux ans que j'ai exercé mes fonctions, j'ai joui, grâce à Dieu, d'une assez bonne santé, et je n'ai pas, en tout ce temps, manqué plus de vingt-cinq audiences ; encore était-ce presque toujours pour des services importants et d'intérêt public. Ce n'est pas un mérite, c'est une faveur que le Ciel m'a faite d'être en état de remplir mes devoirs, et j'aurais été bien coupable si, pouvant les accomplir, je les avais négligés. Eh bien, aujourd'hui qu'il m'est donné encore d'être utile à mes concitoyens, j'agirai sans hésitation, sans crainte ni bassesse. Je pars, ma conscience m'en fait une obligation. »

Il quitte alors ses parents et ses amis, laisse là ses doux loisirs pour aller déposer son vote dans l'urne électorale.

Chose digne de remarque, le candidat en faveur de qui ce généreux vieillard avait exprimé son suffrage fut élu à une voix de majorité.

BOBILLIER.

RÉFLEXIONS. — Ceux qui essayent d'intimider ou de corrompre un électeur sont passibles de peines prévues par la loi. « Si le vote est un droit de l'homme *libre*, il n'en est pas moins *moralement obligatoire*. Rester indifférent au sort de son pays, se refuser de répondre quand on est consulté, c'est une abdication honteuse et condamnable. »

EXERCICES ORAUX OU ÉCRITS

1. — Montrez dans le récit qui précède, que le vote du magistrat a été libre, consciencieux, éclairé et désintéressé. Dites quelques mots de chacune de ces qualités.
2. — Qu'est-ce qu'une liste électorale? Qui comprend-elle? Quand et comment la dresse-t-on?
3. — Depuis quelle époque le suffrage universel existe-t-il en France? Qui était électeur avant 1848?

LEXIQUE

Magistrat...... Officier civil revêtu d'une autorité judiciaire ou administrative.
Urne........... Vase qui sert à recueillir des bulletins de vote, des numéros, etc.

RÉCITATION

Chanson du pauvre électeur

Ils savaient que je suis pauvre et ils ont cru que je serais vil! Ils m'ont jugé d'après eux et leurs semblables qui n'ont pour dieu que l'ignoble veau d'or.

Ils m'ont offert de l'argent en échange de mon vote, mes enfants, oui, de mon vote!

Honte! honte aux hommes riches qui ont voulu acheter ma conscience!

Mon vote, mais mon vote n'est pas à moi pour que j'en fasse une marchandise à mon profit!

Je dois mon vote à ma patrie!

Je donnerai mon vote non pas au plus riche, mais au plus honnête et au plus digne.

C'est le devoir de tout bon citoyen, entendez-vous, mes enfants!

Si j'avais l'appât que ces vils corrupteurs avaient attaché à l'hameçon, comment oserais-je regarder mes fils en face?

Comment leur dirais-je : « Mes enfants, voici le droit chemin! » tandis que jour et nuit la voix de ma conscience me reprocherait mon crime, oui, mes enfants, mon crime contre ma patrie!

(Chanson anglaise.)

LEÇON XII

Programme. — LA LIBERTÉ : INDIVIDUELLE, DE CONSCIENCE, DU TRAVAIL, D'ASSOCIATION

MAXIMES

1. — La liberté, c'est la vie ; la servitude, c'est la mort.
2. — Ne demandez à la société que la liberté du travail et travaillez.
3. — L'homme naît libre.
4. — Une liberté forte nourrit les âmes généreuses.

QUATORZE JUILLET

C'est avec un *indicible plaisir que nous avons vu le gouvernement de la République choisir le 14 juillet comme fête nationale. Nous étions bien jeunes alors, et nous éprouvions le besoin de saluer cette date dont nos grands-pères nous parlaient avec une émotion profonde. Cette date glorieuse, à jamais mémorable dans les annales historiques, est, pour les paysans surtout, la date de l'émancipation : C'est pour eux la fin de leurs misères et l'avènement d'une *ère nouvelle. Nous avons connu, dans notre plus tendre jeunesse, des vieux paysans de cette époque qui nous ont raconté, les larmes aux yeux, combien leur sort avait changé, et qui, de serfs et de mendiants, étaient devenus propriétaires de la terre qu'ils avaient arrosée, eux et leurs pères, de leurs sueurs stériles et infructueuses.

Nous sommes trente-six millions de Français, depuis que nous avons perdu l'Alsace et la Lorraine, ces chères filles que nous espérons bientôt voir revenir au vieux foyer paternel, et que nous embrassons d'un fraternel baiser.

Or, sur ces trente-six millions de citoyens, un million, non, un dixième de million à peine a pu se trouver lésé de ce qui a fait la prospérité et la richesse de tous les autres fils de la France. Nous vous le demandons, quels sont ceux qui se plaignent? Les nobles, peut-être, qui, en vertu d'un privilège * inique, qu'ils appelaient effrontément « leurs droits, » pouvaient ne supporter aucune charge, ne payer aucun impôt, et qui, déchargés du soin de défendre la patrie, avaient trouvé le moyen de s'armer contre elle et de former les bataillons de Coblentz, c'est à dire des bataillons français armés contre la mère-patrie.

Aujourd'hui, en 1889, à l'époque du centenaire de l'immortelle Révolution, qui trouvons-nous parmi les adversaires de la fête du 14 juillet? Des fils de la bourgeoisie qui, engraissés par les bénéfices qu'avaient faits leurs pères émancipés par ce fait glorieux, ont pu réaliser une belle fortune en travaillant de par la liberté du commerce, s'imaginent qu'ils ont conquis leur place au soleil rien qu'en naissant. Ils renieraient volontiers leurs pères comme ils renient leur mère de 1789.

Pauvres gens, dont la vue est courte et l'horizon borné, à qui donc devez-vous d'être des bourgeois, des industriels, des rentiers, des millionnaires?

Est-ce à la noblesse, qui vous forçait à battre l'eau de ses étangs pour faire taire les grenouilles? Est-ce à la royauté, qui vous trouvait bons comme *taillables et corvéables à merci* et qui en usait à son aise, ma foi?

Un vieillard de Cinquétral, arrondissement de

Saint-Claude (Jura), nous racontait un jour que son vieux père ne pouvant payer ses impôts, réglés à cette époque par les *traitants, avait vu saisir sa vache et ses misérables meubles pour être vendus à * l'encan. Il redevait au *fisc *soixante-dix-neuf sous et trois deniers*. Les frais s'élevèrent à une somme tellement considérable que les huissiers royaux finirent par vendre son humble chaumière et par l'expulser de sa demeure.

Heureux temps ! heureux souvenirs que regrettent encore quelques nobles fils de nos vilains et de nos *manants !

Nous autres, pauvres enfants de cette race que La Bruyère a caractérisée en traits *indélébiles, de ces noirs bipèdes qui vivaient dans des huttes et qui ne s'accouplaient que pour propager leur misère, nous ne pouvons que saluer avec admiration et respect cette date du 14 juillet qui marque dans notre histoire nationale, non pas une violence contre les malheureux défenseurs de la Bastille, cette vieille forteresse royale, mais un affranchissement de la nation tout entière.

Nous disons « de la Nation, » car la noblesse a eu ses victimes et ses prisonniers d'État comme nous autres manants et vilains.

Elle aussi aurait pu respirer plus librement si le souci de ses droits ne l'avait emporté sur le soin de ses devoirs. Affolée par la peur, elle prit le chemin de l'exil et renonça au rôle qu'elle avait brillamment rempli pendant plusieurs siècles : celui de défendre le sol national contre l'étranger.

Nous le demandons aujourd'hui à nos paysans, à nos bourgeois sortis de nos villages, à nos industriels qui doivent tant à la Révolution de 1789 et qui croupiraient encore dans les entraves des

*jurandes et des *maîtrises; voulez-vous tous, enfants de la Révolution, voulez-vous renier votre mère et méconnaitre la date qui vous a faits ce que vous êtes : la date du 14 juillet 1789 ?

Oh! nous comprenons que les fils des croisés ne saluent pas avec le même enthousiasme la fête des républicains. Mais nous ne pouvons comprendre que nos autres frères, affranchis et devenus possesseurs du sol, libres de s'enrichir par leur intelligence et leur travail, conquérant sans cesse les propriétés seigneuriales par leurs économies et leurs spéculations heureuses, viennent s'insurger contre une date qui a fait d'eux ce qu'ils sont et les a sortis de leur condition de serfs et de mercenaires.

Pour nous, enfants de la *plèbe, nous aimons à célébrer avec enthousiasme notre glorieux 14 juillet, qui symbolise l'émancipation de la nation française. Il y a eu des victimes, disent quelques gens..... Nous le déplorons de tout notre cœur. Mais pourriez-vous nous dire quelle conquête a été faite sans sacrifice, quelle victoire a été remportée sans effusion de sang? L'herbe recouvre les morts, les fleurs poussent et s'épanouissent sur leurs tombes, et le progrès accompli nous laisse seul un souvenir impérissable.

Célébrons donc, chaque année, le glorieux anniversaire du 14 juillet 1789 et, puisque nous avons profité des bienfaits de cette émancipation sociale, unissons-nous dans un élan unanime, sans arrière-pensée et sans regret, nobles et manants, pour ce généreux effort qui fait de nous des **frères** et des **Français.**

LE MOINE DE LA VALLÉE.

LE BONHEUR DE LA LIBERTÉ

M. Latude à la Bastille. — Le Proscrit et les oiseaux

Vous avez souvent entendu parler de la Bastille sans vous demander peut-être ce que c'était. Eh bien ! mes chers amis, on désignait ainsi un château-fort, s'élevant en plein Paris, bâti d'abord pour servir à la défense du domaine royal, mais transformé bientôt en une sombre prison où des créatures innocentes étaient impitoyablement jetées en vertu d'une simple *lettre de cachet*, c'est-à-dire d'une ordonnance royale par laquelle, avant 1789, on exilait ou on emprisonnait sans jugement ceux contre qui elle était obtenue.

Il suffisait d'être riche pour s'en procurer chez quelques ministres du roi ou même chez les valets de ceux-ci. On rapporte que Saint-Florentin, ministre de Louis XV, en a délivré plus de 50,000...

C'est pour avoir écrit quelques vers à l'adresse de Madame de Maintenon que M. Latude fut enfermé pendant 35 ans dans la Bastille. Il n'en sortit que lorsque le peuple s'empara de cette prison d'Etat, le 14 juillet 1789. Combien d'êtres innocents y avaient déjà trouvé la mort !

Un grand homme, M. de Malesherbes, osa dire à Louis XV ces paroles restées célèbres : « *Aucun citoyen, dans votre royaume, n'est assuré de ne pas voir sa liberté sacrifiée à une vengeance, car personne n'est assez grand pour être à l'abri de la haine d'un ministre, ni assez petit pour n'être pas digne de celle d'un commis de ferme...* »

On raconte qu'un jour, un proscrit sorti récemment de prison vit, sur le parapet d'un pont de Londres, des enfants qui tenaient cinq pauvres petits linots enfermés dans une cage très étroite. Ému de pitié, il

demanda le prix de chaque oiseau. — « Trente sous »,
lui dit-on. Sans marchander, il tira l'argent de sa
bourse, le donna à l'un des enfants, et, après avoir
caressé un instant ces intéressantes créatures, il leur
donna la volée.

Comme on s'en étonnait, il répliqua : « Je sors de
prison, et je connais maintenant ce que vaut la liberté.
Je suis heureux de pouvoir la rendre à prix d'argent à
ces innocentes créatures qui, comme moi, n'ont rien fait
pour mériter une dure captivité. »

Il y a longtemps que Michel de l'Hospital l'a dit :
« Après la liberté, que reste-t-il à perdre ? La liberté,
c'est la vie ; la servitude, c'est la mort. »

RÉFLEXIONS. — « Les hommes naissent libres et égaux en
droits. La liberté consiste à pouvoir faire tout ce qui ne
nuit pas à autrui. » Il existe quatre sortes de libertés : la
liberté individuelle, la liberté de conscience, la liberté de
travail et la liberté d'association. Elles ne sont respectées
que depuis la Révolution de 1789.

EXERCICES ORAUX OU ÉCRITS

1. — Parlez de la liberté individuelle il y a un siècle ?
   Pouvait-on s'emparer d'un ennemi et par quels
   moyens ? Dites quelques mots des lettres de cachet.
2. — La liberté de conscience existe-t-elle ? Depuis quelle
   époque ? Citez les principaux événements d'intolérance religieuse.
3. — Qu'appelait-on corporations ? Le travail était-il libre
   en France pendant qu'elles existaient ? Citez
   quelques exemples.

LEXIQUE

Indicible..... Qu'on ne saurait exprimer.
Ere.......... Époque remarquable où un nouvel ordre de choses a été établi.
Inique....... Injuste à l'excès.
Traitant..... Celui qui était chargé de recouvrer les impôts.

Encan	Vente à l'enchère.
Fisc	Trésor pour l'Etat.
Denier	Ancienne monnaie française valant la douzième partie du sou.
Manant	Qui n'est point de race noble; grossier, mal élevé.
Indélébile	Ineffaçable.
Jurande	Qualité de juré dans les corporations d'artisans ou de marchands.
Maitrise	Qualité de maître dans certains métiers.
Plèbe	Vile populace.
Londres	Capitale du royaume d'Angleterre, à 100 lieues de Paris, 3,900,000 hab. 1re ville du monde entier par sa population.
Linot	Oiseau dont le chant est très agréable.

RÉCITATION

L'Enfant et l'Oiseau

L'ENFANT

Petit oiseau, viens avec moi,
Vois la cage si bien posée;
Les fruits que j'ai cueillis pour toi,
Les fleurs humides de rosée.

L'OISEAU

Petit enfant, je vis heureux,
Etre libre est ma seule envie;
Mon humble nid me plaît bien mieux
Que la cage la plus jolie.

L'ENFANT

Petit oiseau, le doux printemps
Ne dure pas toute l'année;
Que feras-tu lorsque les vents
Auront dépouillé la ramée?

L'OISEAU

Vers le midi je chercherai
Plus beau climat, plus sûr feuillage;
Puis au printemps je reviendrai
T'amuser de mon doux ramage.

L'ENFANT

Pauvre petit, qui te dira
Le chemin que tu devras suivre ?
Sur les mers qui te conduira ?
Reste avec moi si tu veux vivre.

L'OISEAU

Enfant, je saurais préférer
Le plus grand péril à la chaîne ;
Mais je ne puis pas m'égarer ;
Dieu me conduit et me ramène.

DEVOILLE.

LEÇON XIII

Programme. — LA SOUVERAINETÉ NATIONALE

MAXIMES

1. — Le principe de toute souveraineté réside essentiellement dans la nation.
2. — La souveraineté nationale s'exerce par le suffrage universel.
3. — Ne soyez point indifférents aux affaires publiques qui sont vos affaires.
4. — Un peuple ne doit pas avoir de maître, il est son maître à lui-même.

Le suffrage universel peut quelquefois se tromper sur la valeur du mandataire qu'il choisit. La seule arme légitime à prendre en ce cas, c'est le bulletin de vote lorsque viendra le moment de sa réélection.

RESPECTEZ LES DÉCISIONS DE LA MAJORITÉ

Voici le premier devoir civique : respecter le verdict du suffrage universel une fois qu'il a été rendu, ne jamais troubler la paix publique.

Si * l'insurrection contre la * tyrannie peut être légitime, l'insurrection est le plus grand des crimes dans un pays de suffrage universel. Il n'est pas permis de faire appel à la violence lorsque le bon droit peut triompher sans elle : ton arme véritable, s'il y a des changements à faire dans les institutions ou dans les lois, ce n'est pas la balle d'un fusil, c'est ton bulletin de vote. Si tu veux que la minorité s'incline le jour où la majorité sera avec toi, il faut que tu saches t'incliner, toi aussi, si par hasard tu te trouves avec la * minorité. Que servirait de voter, si le vote ensuite ne doit pas être respecté par tout le monde ?

Laisse-moi te citer un exemple.

Dans une grande République dont tu connais le nom, les Etats-Unis de l'Amérique du Nord, il existe deux grands partis politiques, dont l'un s'appelle le parti des républicains et l'autre celui des * démocrates. Ils sont assez mal nommés, car tous deux sont également républicains, seulement ils entendent un peu autrement la République. Il y a quelques années, une grande bataille avait lieu pour l'élection du Président.

Le candidat républicain, M. Hayes, l'emporta de quelques voix seulement. Les têtes étaient fort montées, on prétendait que M. Hayes l'avait emporté seulement grâce à une fraude. Cependant, quand le Sénat américain, qui est chargé là-bas de vérifier les élections présidentielles, eut déclaré à tort ou à raison que l'élection avait été régulière, l'agitation s'arrêta tout à coup. Devant la légalité, tous les démocrates s'inclinèrent. M. Hayes exerça le pouvoir pendant les quatre années de sa présidence, sans que personne essayât de méconnaître son autorité. Voilà les véritables mœurs républicaines.

(Petit Français.) [1]   Ch. BIGOT.

RÉFLEXIONS. — Quand un peuple commet la faute impardonnable de confier ses destinées à un seul homme, qu'il soit *roi, empereur* ou *dictateur*, il est bien près de sa chute. L'ambition des souverains est toujours funeste à leur pays. Notre propre souverain est la nation elle-même, c'est-à-dire que *le suffrage universel est notre seul maître.*

EXERCICES ORAUX OU ÉCRITS

1. — Que pensez-vous de cette maxime de Louis XIV : « L'État c'est moi, » ou de celle de François Ier « Tel est notre bon plaisir »
2. — Rapprochez les événements militaires sous une royauté quelconque des événements militaires sous la Convention. Concluez si le patriote doit se battre pour son roi ou pour son pays.
3. — Faites une comparaison sommaire entre la royauté et la République, et indiquez les avantages que présente ce dernier gouvernement.

LEXIQUE

Verdict...... Réponse d'un jury à la cour d'assises ; par extension réponse du suffrage universel.
Insurrection... Révolte ouverte.
Tyrannie...... Gouvernement injuste et cruel, violence, oppression.
Minorité....... Le plus petit nombre.
Démocrate..... Partisan du gouvernement dans lequel le peuple est souverain.

---

(1) Paris, Georges Maurice, éditeur. Ouvrage recommandé.

RÉCITATION

Sur le pouvoir personnel

Ne confiez jamais à un seul homme le gouvernement de votre État. Quel mal n'auriez-vous pas à redouter d'un tel pouvoir entre les mains d'un simple mortel qui, fût-il parmi les meilleurs, pourrait être trop souvent trompé par des courtisans astucieux, intéressés et méchants qui lui cacheraient habilement la vérité et la remplaceraient par le mensonge ?

Soyez sur vos gardes si vous lui confiez même un pouvoir limité, de peur que, tôt ou tard, il sape et détruise ces limites et devienne maître absolu ; car, en disposant des fonctions, il attache à sa personne ceux qui les occupent. Il s'attache ainsi ceux qui espèrent des places et qui forment un puissant parti favorisant ses vues. Par des engagements politiques différents, suivant l'intérêt des États et des princes voisins, il s'assure leur appui tout en établissant son propre pouvoir, et ainsi, grâce à l'espoir des récompenses chez une partie de ses sujets et à la crainte de son ressentiment chez l'autre, toute opposition tombe devant lui.

FRANKLIN.

La Nuit du 4 Août 1789

C'était le 4 août 1789, à huit heures du soir, heure solennelle où la féodalité, au bout d'un règne de mille ans, abdiqua et disparut.

Un député breton monte à la tribune : « Qu'on nous apporte ici, dit-il, ces titres qui outragent l'humanité ; qu'on nous apporte ces actes iniques qui ravalent l'homme à la bête, en exigeant que les hommes soient attelés à une charrette comme les animaux de labourage ; qu'on nous apporte ces parchemins qui obligent les hommes à passer les nuits à battre les étangs pour empêcher les grenouilles de troubler le sommeil de leurs voluptueux seigneurs ! Qu'on nous les apporte, ces titres, monuments de la barbarie de nos pères ! Qui de nous ne ferait un bûcher expiatoire de ces infâmes parchemins... »

La nuit était avancée. Il était deux heures. Elle emportait, cette nuit, l'immense et pénible songe des mille ans du moyen âge. L'aube qui commença bientôt était celle de la liberté.

Depuis cette merveilleuse nuit, plus de classes, des Français ; plus de provinces, une France.

Vive la France !

(D'après JULES MICHELET.) [1]

LEÇON XIV

Programme. — LIBERTÉ, ÉGALITÉ, FRATERNITÉ

MAXIMES

1. — La liberté est le premier des biens.
2. — Il se faut entr'aider, c'est la loi de nature.
3. — Étant tous enfants d'une même nature, nous sommes tous frères.
4. — Liberté ! Égalité ! Fraternité ! tel est le mot d'ordre de la société moderne.

Préparez-vous de bonne heure, mes bons amis, à servir la République dont la belle devise : « Liberté, Égalité, Fraternité ! » qui date de la première Révolution, doit être gravée en lettres d'or dans tous les cœurs français.

UNE VIEILLE HISTOIRE

Il y avait une fois (je parle de longtemps) une province fort éloignée des États du prince auquel elle était soumise, et vivant dans une sorte * d'indépendance.

Un jour, les hommes de cette province, las d'être libres et heureux, s'assemblèrent et dirent entre eux : « Nos impôts sont trop lourds ; ils se perdent dans les mains des * collecteurs et dans la caisse du trésor, qui est une caisse sans fond. » Alors ils

---

(1) *Histoire de la Révolution française.*

chassèrent les percepteurs et autres employés du *fisc, et en tuèrent quelques-uns.

Puis, un orateur se leva et dit : « Ces belles forêts sont à nous. Il nous faut les couper pour payer nos dettes, et vivre tous à l'aise. » Les gardes eurent beau protester; ils abattirent leurs forêts.

Un autre orateur se leva à son tour et fit une proposition plus hardie : « On enrôle, dit-il, notre jeunesse pour des guerres qui ne nous regardent point. Est-ce que nous ne sommes pas assez forts pour nous défendre nous-mêmes ? Refusons l'impôt du sang ? »

Et ce qui fut dit fut fait. La province vécut pendant un an ou deux en pleine liberté, mais aussi en pleine *anarchie.

Au lieu d'un pouvoir lointain et supportable, ils eurent vingt ambitieux qui se disputèrent le pouvoir. Les communes elles-mêmes se divisèrent. Chacune s'enferma dans son égoïsme et voulut s'ériger en petit Etat. C'est alors qu'on entendit, pour la première fois, cette maxime odieuse : « Chacun pour soi, chacun chez soi. »

Si on proposait de voter des crédits pour une route, pour un chemin vicinal, il se trouvait toujours quelqu'un pour dire : nous sommes bien chez nous, restons chez nous. Que vous dirai-je encore ? Tel quartier d'un petit village voulait avoir sa fromagerie à lui tout seul, son école à lui tout seul. On se battait dans les rues pour l'élection des conseils municipaux.

Or, pendant que ces choses se passaient, voici qu'il y eut quelques mauvaises années. Vous vous rappelez bien l'histoire des sept vaches maigres de l'Ecriture. Les vignes gelèrent; les blés pourrirent en herbe; il y eut des grêles, des inondations.

Alors, la province, qui avait mangé tous ses revenus et qui s'était même endettée par sa mauvaise administration, se tourna vers l'Etat et le pria de lui venir en aide. Mais l'Etat lui répondit non sans raison : Puisque vous n'avez pas voulu prendre part aux charges, vous n'aurez pas part aux bénéfices.

Pour comble de malheur, une guerre survint, une grande guerre européenne. La province, réduite à ses propres forces, se défendit courageusement, mais fut écrasée par le nombre. Les survivants furent emmenés en esclavage ou dépossédés.

La morale de cette histoire, mes enfants, est que les membres d'une société sont comme les membres d'une famille ; que tous ont les mêmes droits, mais aussi les mêmes devoirs ; qu'ils doivent être unis et ne former qu'un seul corps dans la bonne comme dans la mauvaise fortune, et enfin qu'il faut obéir à la loi, quand elle n'est pas dictée par le caprice d'un*tyran, mais quand elle est, comme aujourd'hui, dans notre République, l'expression de la volonté souveraine de la nation.

Priez seulement vos maîtres de vous relire la fable des *Membres et de l'Estomac*. Cela me dispensera de vous en dire davantage.

Dionys ORDINAIRE, *Député*.

HISTOIRE DU GÉNÉRAL DROUOT

Le jeune Drouot s'était senti poussé vers l'étude des lettres par un très * précoce instinct. Agé de trois ans, il allait frapper à la porte de l'école, et, comme l'instituteur lui en refusait l'entrée parce qu'il était trop jeune, il pleurait beaucoup.

On le reçut enfin. Ses parents, témoins de son application toute volontaire lui permirent, avec l'âge, de fréquenter les leçons plus élevées, mais sans lui rien épargner des devoirs et des gênes de leur maison.

Rentré de l'école ou du collège, il lui fallait porter le pain chez les * clients, se tenir dans la chambre publique avec tous les siens, et subir les inconvénients d'une perpétuelle distraction. Le soir on éteignait la lumière de bonne heure, par économie, et le pauvre écolier devenait ce qu'il pouvait, heureux lorsque la lune favorisait par un éclat plus vif la prolongation de sa veillée.

On le voyait profiter ardemment de ces rares occasions. Dès les deux heures du matin, quelquefois plus tôt, il était debout ; c'était le temps où le travail domestique recommençait à la lueur d'une seule et mauvaise lampe. Il reprenait aussi le sien ; mais la lampe infidèle, éteinte avant le jour, ne tardait pas à lui manquer de nouveau ; alors il s'approchait du four ouvert et enflammé, et continuait à ce rude soleil la lecture de * Tite-Live ou de * César.

En se promenant un jour par hasard dans les rues de Nancy, le jeune Drouot remarqua une affiche-* programme qui annonçait un examen pour l'école d'artillerie de * Metz. Il partit après avoir obtenu * l'assentiment de son père, qui lui donna six francs pour faire le voyage. C'était durant l'été de 1793. Une nombreuse et florissante jeunesse se pressait dans une des salles de l'école d'artillerie.

Le célèbre * La Place y faisait, au nom du gouvernement, l'examen de quatre-vingts candidats au grade de sous-lieutenant. La porte s'ouvre. On voit entrer une sorte de paysan, petit de taille, l'air * ingénu, de gros souliers aux pieds et un bâton à la main.

Un rire universel accueille le nouveau venu.

L'examinateur lui fait remarquer ce qu'il croit être une méprise, et sur sa réponse qu'il vient subir l'examen, il lui permet de s'asseoir.

On attendait avec impatience le tour du petit paysan. Il vient enfin. Dès les premières questions, La Place reconnaît une fermeté d'esprit qui le surprend.

La Place est touché ; il embrasse le jeune homme avec * effusion et lui annonce qu'il est le premier de sa * promotion.

L'école se lève tout entière et accompagne en triomphe dans la ville le fils du boulanger de Nancy, celui qui deviendra le général Drouot.

A l'armée, il se distingua comme le meilleur officier. Après * Waterloo, il fut chargé de ramener en France les débris de nos armées échappées au massacre. Ce fut Nancy qu'il choisit pour le lieu de sa retraite. Poussant le * désintéressement jusqu'à la dernière limite du possible, il refusa toute pension, quoique se trouvant dans une situation * précaire.

Un jour, étant sans argent, il trouva même le moyen de secourir un malheureux qui n'avait plus de pain, en lui donnant les * galons d'or qui étincelaient sur les bras de sa tunique. Il mourut dans la pauvreté à Nancy, en 1847. Napoléon l'avait surnommé le Sage de la Grande-Armée.

(D'après LACORDAIRE.)

RÉFLEXIONS. — « Le soldat porte dans sa giberne son bâton de maréchal » c'est-à-dire qu'il peut parvenir maintenant aux plus hautes fonctions de l'armée *s'il en est capable, et quelle que soit son origine.*

« Tous les citoyens étant égaux devant la loi, sont également admissibles à toutes dignités places et emplois publics, selon leur capacité, et sans autre distinction que celle de leurs vertus et de leurs talents. »

EXERCICES ORAUX OU ÉCRITS

1. — Depuis quelle époque les fonctions dans l'armée peuvent-elles être accessibles à tous? Citez des généraux célèbres issus de familles bourgeoises.
2. — Qui commandaient les armées autrefois? Y a-t-il justice à ce que le mérite remplace le privilège? Dites quelques mots sur la devise républicaine : « Liberté! Égalité! Fraternité! »
3. — Ne pourriez-vous pas citer, dans l'histoire, des généraux incapables qui ne devaient leur situation qu'à la naissance et qui ont plongé la France dans le malheur?

LEXIQUE

Indépendance — État d'une personne qui ne relève d'aucune autorité.
Collecteurs .. Autrefois celui qui levait les impôts.
Fisc .... Trésor de l'État.
Anarchie .... Absence de gouvernement.
Tyran .... Prince qui gouverne avec cruauté.
Précoce........ Formé avant l'âge
Client.......... Celui qui est en relations d'affaires avec un commerçant.
Tite-Live ...... Pris dans ce cas pour son ouvrage intitulé : les Décades.
César.......... Pris dans ce sens pour son ouvrage intitulé : les Commentaires.
Programme.... Conditions d'un concours.
Metz .... (50.000 hab.) ville perdue en 1871, où le traître Bazaine capitula avec 173,000 hommes.
Assentiment... Autorisation ou permission.
La Place .... Célèbre astronome français, travailla à l'établissement du système métrique en France (1749-1827).
Ingénu......... Simple, naïf.
Effusion........ En versant des larmes de joie.
Promotion..... Action par laquelle on élève une ou plusieurs personnes à un grade, à une dignité.
Waterloo ...... Village de Belgique où Napoléon Ier fut vaincu par les Anglais et les Prussiens (18 juin 1815).
Désintéressement......... Renoncement à une chose.
Précaire .... Qui n'a rien de stable ni d'assuré.
Galon.......... Bordure que portent à l'habit les sous-officiers et les officiers pour distinguer les grades.

RÉCITATION

La Fraternité

Voyez cette pauvre créature humaine, gisante au coin de la rue, dans la défaillance du besoin ou qu'un accident vient d'atteindre. Un homme la regarde, la plaint et passe. Suis-je cause, se dit-il, qu'elle soit en cet état ; et qui m'a chargé d'elle ? C'est bien assez d'avoir à songer à soi. Un autre la regarde aussi et son âme s'émeut. Il s'approche, la prend dans ses bras, la porte en sa maison, la couche sur son lit et la veille, et la soigne comme le frère soigne son frère, et l'ami son ami.

De ces deux hommes, lequel a vraiment accompli son devoir ?

LAMENNAIS.

CHAPITRE III

LA SOCIÉTÉ

LEÇON XV

Programme. — LA SOCIÉTÉ ; SA NÉCESSITÉ, SES BIENFAITS.

MAXIMES

1. — Si l'abeille vivait seule, elle ne ferait pas tant de miel.
2. — L'homme est fait pour vivre en société.
3. — La société est une grande famille dont tous les membres doivent s'entr'aider.
4. — En société, le profit de chacun est celui de tous.
5. — Tous pour chacun, et chacun pour tous.

L'homme a besoin du concours de ses semblables, c'est-à-dire qu'il ne pourrait vivre sans les ressources que lui offre la société. En voici la preuve.

ROBINSON CRUSOÉ

Le maître avait raconté à ses élèves l'histoire de Robinson Crusoé, de cet homme industrieux qui, jeté par un * naufrage sur une île déserte, parvint à y vivre pendant vingt ans, grâce aux inépuisables ressources de son travail et de son habileté. Le récit fini, Georges, avec sa * témérité habituelle, ne put se retenir de dire que cette histoire était en contradiction avec tout ce que le maître avait dit de la nécessité de la société. L'aventure de Robinson Crusoé prouvait, selon lui, qu'un homme peut se suffire à lui-même, et vivre libre, heureux, sans le secours de ses semblables.

Le maître interrompit Georges et lui demanda s'il n'était pas vrai, du moins, que Robinson Crusoé devait à la société l'éducation qu'il avait reçue dans sa jeunesse, et à cette éducation la science, l'expérience, qui firent précisément son salut.

Georges en convint.

— Mais ce n'est pas tout, reprit le maître : Robinson n'apportait pas seulement avec lui dans son île les trésors de son instruction, les résultats de son éducation sociale. Malgré toute son adresse, Robinson n'eut pas triomphé de son * dénûment et de sa solitude, sans les secours de toute espèce que lui fournissaient les débris du vaisseau échoué sur le rivage de l'île.

D'abord, au premier jour de son * isolement, il a besoin de vivres. Où les trouve-t-il? Dans les coffres des matelots, qui contenaient du pain, du riz, du fromage, de la viande séchée, toutes les provisions destinées à un long voyage sur mer.

Pour se protéger contre les pluies, contre le mauvais temps, pour se construire un abri, que va-t-il employer? Des toiles goudronnées. Et où les prend-il? Dans le navire encore.

Pour couper le bois dont il a besoin, pour enfoncer dans la terre les pieux qui porteront sa tente, qu'aurait-il fait de ses mains s'il ne les avait armées des outils et des instruments que le vaisseau avait apportés d'Europe? Et le blé qu'il va semer pour se nourrir les années suivantes, quand sa provision de vivres sera épuisée, n'est-ce pas encore le vaisseau qui le lui fournit?

C'est donc encore la société qui protégeait Robinson sur son île déserte, qui l'empêchait de mourir de froid, de faim. C'est la société aussi qui lui * suggérait les ingénieux * expédients par lesquels il réussit à faire face aux difficultés de son existence * précaire. Ne dites donc pas que Robinson Crusoé s'est passé de la civilisation. Ne dites pas non plus qu'il a été heureux dans sa solitude. D'abord, il n'a jamais été complètement seul : il lui est resté des livres, puis la compagnie d'un chien fidèle, puis le perroquet auquel il a appris à parler, et qui l'appelle : Robin... Robin... Et malgré tout cela, il a souffert, il est resté triste jusqu'au jour où lui échut la bonne fortune de rencontrer enfin un autre homme, un sauvage sans doute, mais enfin un homme, un semblable, le bon Vendredi.

(*Eléments d'instruction morale et civique.*) [1]   G. COMPAYRÉ.

RÉFLEXIONS. — Sans la société, l'homme serait misérable et la vie lui serait à charge. Par son travail quotidien le mieux ordonné, il ne pourrait subvenir aux besoins les plus pressants de son existence.

EXERCICES ORAUX OU ÉCRITS

1. — Montrez ce que serait une nation sans les ressources commerciales d'une autre nation.

---

(1) Paris, Delaplane, éditeur. Ouvrage recommandé.

2. — Robinson Crusoé aurait-il pu vivre aisément sans les débris du vaisseau qui avait échoué sur la rade? Développez vos idées.
3. — D'après ce qui précède, parlez des bienfaits qu'offre la société pour le développement de la civilisation.

LEXIQUE

Naufrage...... Perte d'un vaisseau en mer; ruine complète.
Témérité...... Hardiesse imprudente et présomptueuse.
Dénûment..... Misère extrême.
Isolement...... État d'une personne qui est seule.
Suggérer...... Insinuer, inspirer.
Expédient .... Moyen de réussir dans une affaire.
Précaire........ Qui n'a rien d'assuré, de stable.

RÉCITATION

Les Membres et l'Estomac

Je devais par la royauté
   Avoir commencé mon ouvrage :
A la voir d'un certain côté,
   Messer Gaster en est l'image :
S'il a quelque besoin, tout le corps s'en ressent.
De travailler pour lui les membres se lassant,
Chacun d'eux résolut de vivre en gentilhomme,
Sans rien faire, alléguant l'exemple de Gaster.
Il faudrait, disaient-ils, sans nous qu'il vécût d'air.
Nous suons, nous peinons, comme bêtes de somme :
Et pour qui? pour lui seul : nous n'en profitons pas;
Notre soin n'aboutit qu'à fournir ses repas.
Chômons, c'est un métier qu'il veut nous faire apprendre.
Ainsi dit, ainsi fait. Les mains cessent de prendre,
   Les bras d'agir, les jambes de marcher :
Tous disent à Gaster qu'il en allât chercher.
Ce leur fut une erreur dont ils se repentirent :
Bientôt les pauvres gens tombèrent en langueur;
Il ne se forma plus de nouveau sang au cœur;
Chaque membre en souffrit; les membres se perdirent.
   Par ce moyen, les mutins virent
Que celui qu'ils croyaient oisif et paresseux,
A l'intérêt commun contribuait plus qu'eux.

                            LA FONTAINE.

LEÇON XVI

Programme. — LA JUSTICE — CONDITION DE TOUTE SOCIÉTÉ
ÉQUITÉ

MAXIMES

1. — Ne faites pas à autrui ce que vous ne voudriez pas qu'on vous fît à vous-mêmes.
2. — La charité donne, la justice respecte ou restitue.
3. — Un seul acte de justice vaut un siècle d'aïeux.
4. — L'injustice d'un homme est nuisible à tous.
5. — Loyauté vaut mieux qu'argent.

RESPECT POUR LE DROIT DES GENS
(384 avant J.-C.)

Le célèbre Camille, général romain, assiégeait la ville de Faléries : le siège traînait en longueur, et la ville, bien défendue, n'était nullement disposée à se rendre. Un traître résolut de la livrer. C'était un instituteur qui, passant pour très instruit, réunissait dans son école les enfants de tous les citoyens les plus distingués. Cet homme, indigne de la noble profession qu'il exerçait, conçut une pensée atroce et l'exécuta. Un jour de vacance, il conduisit ses élèves à la promenade hors des murs et d'un côté où l'on n'avait rien à craindre de l'ennemi. Puis, en les faisant passer par des détours qui lui étaient connus, il les amène dans le camp des Romains. « Général, dit-il à Camille, Faléries est maintenant en votre pouvoir ; car voici les enfants de tous les premiers de la ville : pour les ravoir, ils subiront toutes les conditions que vous voudrez leur imposer. »

Le traître s'attendait à un accueil flatteur et à de brillantes récompenses. Quelle fut sa consternation, quand il entendit Camille lui adresser ces paroles foudroyantes :

« Tu as donc pensé, misérable, que les Romains étaient des lâches comme toi !... Apprends, perfide, que les lois de la justice sont sacrées, qu'on est tenu de les observer envers ses ennemis mêmes, et que la guerre n'anéantit point les droits de l'humanité. Profiter de la trahison, ce serait la partager. Nous ne faisons pas la guerre aux enfants, et nous la faisons loyalement aux hommes ! »

En même temps, il rassura toute cette jeunesse tremblante, il la fit reconduire à Faléries, et livra à la juste vengeance des habitants le traître chargé de liens.

Quand les enfants revinrent dans la ville où régnait déjà la désolation, la joie et l'admiration éclatèrent de toutes parts : la conduite du chef des Romains avait gagné tous les cœurs ; les habitants de Faléries, aimant mieux avoir pour ami que pour ennemi un peuple à la fois si brave et si généreux, ouvrirent leurs portes aux Romains, qui les traitèrent désormais en alliés et en frères.

(*Morale pratique*.) [1]   BARRAU.

RÉFLEXIONS. — La noble conduite d'un ennemi généreux désarme toujours la haine.

« Pendant la guerre, les vieillards, les femmes, les enfants doivent être épargnés ; on doit cesser le feu sur une armée qui dépose les armes ; on ne doit pas bombarder une ville ouverte ni lancer des projectiles empoisonnés ou de nature à faire des blessures inguérissables. On doit relever tous les blessés sans distinction de nationalité et leur donner les mêmes soins. Toute violence envers les

---

[1] Paris, Hachette, éditeur. Ouvrage recommandé.

infirmiers et les médecins ambulanciers est interdite. Les prisonniers de guerre doivent être traités comme des soldats en activité de service, jusqu'à ce que la liberté leur soit rendue par la paix. »

Ces règles du droit des gens n'ont pas été observées par les Allemands en 1870-1871. Une nation qui les foule aux pieds mérite une haine éternelle. Petit Français, souvenez-vous-en !....

EXERCICES ORAUX OU ÉCRITS

1. — Dites comment étaient traités en Prusse nos prisonniers de guerre en 1870.
2. — Que comporte le droit des gens ?
3. — Parlez de la conduite du lâche de Faléries et de celle de Camille, et tirez-en les réflexions que vous croirez convenir.

LEXIQUE

Consternation. Abattement profond causé par un grand malheur.
Perfide........ Qui manque à sa parole, qui manque de loyauté.

RÉCITATION

Conditions de Justice

Le premier culte qui soit agréable à Dieu, c'est d'être droit, juste, bienfaisant, de rester fidèle à sa parole, de sacrifier sans hésitation et sans murmure son intérêt à son devoir, de ne pas dégrader en soi, par des lâchetés ou des bassesses, le noble caractère de l'humanité, d'éviter avec scrupule toute occasion de blesser les droits d'autrui ; de chercher, au contraire, l'occasion de se sacrifier au bonheur de ses semblables, de se faire un cœur bienveillant pour toutes les créatures de Dieu, et de laisser après soi des exemples de vertu et un souvenir sans tache.

Jules SIMON.

Le Droit et la Force

Helvidius Priscus, un des membres les plus illustres du Sénat romain sous l'empire, passait pour être hostile au gouvernement de Vespasien. Celui-ci lui demanda un jour de ne pas se rendre au Sénat.

« Il est en ton pouvoir, répondit Helvidius, de m'ôter mes fonctions ; mais tant que je serai sénateur, j'irai au Sénat.

— Eh bien, vas-y, reprit le prince, mais tais-toi.
— Ne me demande pas mon avis, et je me tairai.
— Mais si tu es présent, il faut que je t'interroge.
— Et moi, il faut que je dise ce qui me paraîtra juste.
— Si tu parles, je te ferai mourir.
— Je ne t'ai jamais dit que je fusse immortel. Nous ferons tous deux ce qui dépendra de nous: tu me feras mourir, et je souffrirai la mort sans trembler. »

En effet, il expia sa courageuse résistance par le dernier supplice.

LA HARPE.

LEÇON XVII

Programme. — RESPECT DE LA VIE ET DE LA LIBERTÉ

MAXIMES

1. — La plus grande des injustices, parce qu'elle les comprend toutes, c'est l'esclavage.
2. — Fais en sorte que ton plaisir ne soit pas le tourment des autres.
3. — Un homme qui en frappe un autre n'est plus un homme, c'est une brute.
4. — Sans la liberté, pas de progrès.

Le crime le plus grave, c'est d'attenter à la vie de son prochain. Nous avons le *devoir* de respecter la personne d'autrui et de ne pas permettre qu'on attente à sa liberté, chaque fois que nous pouvons l'empêcher.

Lisez plutôt le trait suivant :

UNE AVENTURE DE VICTOR SCHŒLCHER

Un de mes plus chers amis, le docteur L..., encore jeune homme, vivait fort retiré avec sa mère, dans la rue Papillon, faubourg Poissonnière. J'arrive chez lui.

« Voulez-vous donner asile à M. Schœlcher cette nuit ?

— Vous tombez bien, me répondit-il en riant. Ma mère est une bonapartiste enragée, elle trouve le Coup d'Etat la plus belle chose du monde et elle exècre tout ce qui porte le nom de républicain. Enfin nous allons essayer... Nous entrons chez la vieille dame.

— Eh bien, ma mère, voilà notre ami M. Legouvé qui vient nous donner des nouvelles.

— Ah! le cher prince va bien?

— Oh! lui, il ne va pas mal!... Mais, ce sont les représentants.

— Tu veux dire les députés?

— Ils sont poursuivis, traqués.

— Tant mieux! Pourvu qu'on les prenne tous!...

— Que veux-tu qu'on en fasse?

— Qu'on les fusille, les misérables! Pas de grâce!

— Pourtant, ma mère, il y a parmi eux de braves gens...

— Lesquels donc?

— Tiens! par exemple, M. Schœlcher!

— Oh! par exemple, parlons-en, de celui-là. C'est un des pires! Il paraît qu'il a fait massacrer des millions de blancs dans les colonies. Je ne suis pas méchante; mais, si je le tenais, il passerait un mauvais quart d'heure.

— Hein? Il vient te demander asile!

— Quoi?

— Il compte sur nous pour le recueillir, le sauver!

— Sur moi?

— La police le poursuit et si tu lui fermes ta porte, il est perdu. »

Alors, éclata dans le cœur de cette excellente vieille dame, car il n'y en a pas de meilleure, la lutte la plus étrange, la plus comique, entre son humanité et ses opinions politiques. Elle marchait tout éperdue dans la chambre. Elle parlait à mots entrecoupés. — Me voilà bien !... s'écria-t-elle. Puis se retournant vers son fils :

« Tu avais bien besoin de me mettre cette affaire-là sur le dos, toi !

— Enfin, maman, c'est fait ! J'ai promis. Il va venir, faut-il le renvoyer ?

— Le renvoyer ! le renvoyer ! Un homme qu'on poursuit ! comme si c'est possible !... Mais où veux-tu que je le couche ! Je n'ai que trois lits, le mien, le tien et celui de la bonne !

— Oh ! madame, repris-je, il passera très bien la nuit sur mon fauteuil !

— Un homme qu'on pourchasse depuis ce matin ! il doit être épuisé cet homme ! car on m'a dit... reprend-elle avec un mouvement de colère, qu'il s'est battu toute la journée au faubourg-Saint-Antoine. Oh ! le scélérat. Puis changeant tout à coup de ton : il faut cependant le coucher, on lui fera un lit dans le salon. J'ai trois matelas, je peux bien lui en donner un.

— Non, maman ! c'est moi.

— Tu lui en donneras un aussi, il faut bien deux matelas à cet homme. Oh ! bon Dieu ! qui est-ce qui m'aurait dit que je ferais un lit pour ce Schœlcher ?.. Enfin, puisque nous y sommes : Marie ? Avez-vous du bouillon ?

— Oui madame.

— Eh bien, vous ferez un potage à dix heures, pour un Monsieur... qui... enfin ! Vous ferez un potage. » Et la voilà qui ordonne le souper, qui commence son déménagement, grommelant, interpellant son fils, aidant sa bonne et refaisant sans s'en douter, la charmante scène de la *Case de l'oncle Tom*, où un sénateur cache le soir celui qu'il avait condamné le matin.

Ernest LEGOUVÉ.

RÉFLEXIONS. — La vie de l'homme est une chose sacrée pour l'homme. Tuer un semblable, c'est commettre l'acte le plus ignoble et le plus sauvage. Ne voyons dans un homme en danger qu'un être malheureux et n'hésitons pas à lui donner l'hospitalité.

EXERCICES ORAUX OU ÉCRITS

1. — Dites ce que vous savez de l'esclavage ; est-il entièrement aboli en Europe ? A-t-on le droit de se détruire par suicide ? Pourquoi non ?
2. — Qu'appelle-t-on cas de légitime défense ? En ce cas, est-il permis de tuer son adversaire pour sauver ses jours ?
3. — Un soldat qui défend son drapeau sur le champ de bataille ou dans une émeute, commet-il un meurtre s'il tue un ennemi ?

LEXIQUE

Faubourg ..... Partie d'une ville hors de son enceinte.
Bonapartiste . Partisan du gouvernement d'un Bonaparte.
Exécrer .... Avoir une horreur extrême.
Fusiller....... Tuer à coups de fusil.
Eperdue....... Agitée, troublée.
Pourchasser . Poursuivre avec ardeur.
Potage........ Bouillon dans lequel on a mis du pain ou toute autre substance alimentaire.
Grommeler ... Murmurer, se plaindre entre les dents.

RÉCITATION

Après la Bataille

Mon père, ce héros au sourire si doux,
Suivi d'un seul housard qu'il aimait entre tous
Pour sa grande bravoure et pour sa haute taille,
Parcourait à cheval, le soir d'une bataille,
Le champ couvert de morts sur qui tombait la nuit,
Il lui sembla dans l'ombre entendre un faible bruit,
C'était un Espagnol de l'armée en déroute
Qui se traînait sanglant sur le bord de la route,
Râlant, brisé, livide et mort plus qu'à moitié,
Et qui disait : « A boire ! à boire, par pitié ! »
Mon père, ému, tendit à son housard fidèle

Une gourde de rhum qui pendait à sa selle,
Et dit : « Tiens, donne à boire à ce pauvre blessé. »
Tout à coup, au moment où le housard baissé
Se penchait vers lui, l'homme, une espèce de More,
Saisit un pistolet qu'il étreignait encore,
Et visa au front mon père en criant : « Caramba ! »
Le coup passa si près que le chapeau tomba,
Et que le cheval fit un écart en arrière :
« Donne-lui tout de même à boire, » dit mon père.

Victor HUGO.

LEÇON XVIII

Programme. — RESPECT DE LA PROPRIÉTÉ — PROBITÉ

MAXIMES

1. — La probité peut suppléer à beaucoup d'autres qualités ; mais sans elle aucune qualité n'a de valeur.
2. — La propriété est inviolable, comme la personne.
3. — Le bien mal acquis ne profite jamais.
4. — Entre ton bien et celui de ton voisin, qu'il y ait toujours une muraille.

« Si la propriété n'existait pas, personne ne planterait un arbre dont un autre pourrait venir lui enlever les fruits ; personne ne construirait une maison qu'un autre prétendrait pouvoir habiter à sa place ; personne n'élèverait un cheval si son voisin pouvait s'en emparer ; personne ne sèmerait du lin pour en faire de la toile qui ne devrait pas lui servir. »

SENTIMENT DE LA PROBITÉ
CHEZ UN ENFANT DE SEPT ANS

Un bon villageois, nommé Jacques, devant quelque argent à un de ses voisins, lui offrit en paiement ses poules, qui furent acceptées.

Les poules furent donc portées chez le voisin. Mais, comme elles n'étaient point renfermées, le lendemain, lorsqu'elles voulurent * pondre, elles retournèrent chez Jacques déposer leurs œufs dans leur ancien * poulailler.

Le fils de Jacques, nommé Philippe, petit garçon âgé de sept ans au plus, était alors tout seul à la maison. Entendant * glousser ses poules chéries, il courut tout de suite au poulailler, * fureta dans la paille et trouva les œufs. « Ha! ha! se dit-il à lui-même, voilà de bons œufs frais, que j'aime tant! ma mère sera bien aise de les trouver à son retour ; elle les fera cuire, et nous les mangerons. Cependant, reprit-il un instant après, pouvons-nous bien retenir ces œufs? n'appartiennent-ils pas au voisin, comme nos pauvres poules? J'appris, l'autre jour à l'école, que l'on doit rendre une chose que l'on trouve à celui à qui elle appartient, dès qu'on le connaît. Allons, allons, je n'attendrai pas que mes parents reviennent, je vais porter les œufs à leur maître. » En effet, il courut aussitôt frapper à la porte du voisin : « Tenez, lui dit-il en entrant, je vous apporte les œufs que vos poules viennent de pondre dans notre poulailler. — Et qui t'envoie ici? lui demanda le voisin. — Personne. — Quoi, tu m'apportes ces œufs sans que personne te l'ait commandé? — Vraiment oui, mon père et ma mère ne sont point à la maison; je fais ce qu'ils m'auraient dit de faire, j'en suis sûr. — Et d'où vient que tu n'as pas attendu leur retour? — C'est qu'ils ne reviendront qu'à midi; et d'ici là, je n'avais pas le droit de retenir une chose que je sais être à vous. »

(*Morale pratique.*) [1]   BARRAU.

---

(1) Paris, Hachette, éditeur. Ouvrage cité.

RÉFLEXIONS. — « La probité et la délicatesse nous frappent d'autant plus qu'elles se trouvent dans une condition plus modeste et dans un âge plus tendre ». Ce que vous trouvez ne vous appartient pas ; le conserver, c'est voler. Mieux vaut rester pauvre et honnête que de s'enrichir par des moyens déshonnêtes et indélicats.

EXERCICES ORAUX OU ÉCRITS

1. — Que feriez-vous si vous trouviez un objet quelconque ?
2. — N'y a-t-il pas une loi civile et une loi morale qui vous obligent à rendre ce que vous avez trouvé ? — Que pensez-vous des maraudeurs ?
3. — Que penser d'un individu qui cacherait ce qu'il a trouvé ou qui refuserait de le rendre sous un prétexte quelconque ?

LEXIQUE

Probité...... Droiture du cœur qui porte à l'observation stricte et constante des devoirs de la justice.
Pondre...... Faire des œufs.
Poulailler... Bâtiment, abri pour les poules.
Glousser.... Crier comme la poule qui a pondu.
Fureter..... Chercher, fouiller partout.

RÉCITATION

Le Champ d'Orge

Dans la dernière guerre d'Allemagne, un capitaine de cavalerie est commandé pour aller au fourrage. Il part à la tête de sa compagnie et se rend dans le quartier qui lui était assigné. C'était un vallon solitaire, où l'on ne voyait guère que des bois. Il aperçoit une pauvre cabane, il y frappe : il en sort un religieux à la barbe blanche.

« Mon père, lui dit l'officier, montrez-moi un champ où je puisse faire fourrager mes cavaliers. — Tout à l'heure, » reprit le vieillard. Ce brave homme se met à leur tête et remonte avec eux le vallon.

Après un quart d'heure de marche, ils trouvent un beau champ d'orge : « Voilà ce qu'il nous faut, dit le capitaine. — Attendez un moment, leur dit son conducteur, vous serez contents. » Ils continuèrent à marcher, et ils arrivèrent à un quart de lieue plus loin, à un autre champ d'orge. La troupe aussitôt met pied à terre, fauche le grain, le met en trousse, et remonte à cheval. L'officier de cavalerie dit alors à son guide : « Mon père, vous nous avez fait aller trop loin sans nécessité : le premier champ valait mieux que celui-ci. — Cela est vrai, monsieur, reprit le bon vieillard ; mais il n'était pas à moi. »

BERNARDIN DE SAINT-PIERRE

Le Roi de Perse

Un roi de Perse, certain jour,
Chassait avec toute sa cour.
Il avait soif, et dans la plaine
On ne trouvait point de fontaine.
Près de là seulement était un grand jardin,
Rempli de beaux cédrats, d'oranges, de raisin ;
A Dieu ne plaise que j'en mange!
Dit le roi, ce jardin courrait trop de danger :
Si je me permettais d'y cueillir une orange,
Mes vizirs aussitôt mangeraient le verger.

FLORIAN.

LEÇON XIX

Programme. — RESPECT DE LA PAROLE DONNÉE ; DÉLICATESSE

MAXIMES

1. — La parole d'un honnête homme vaut un écrit.
2. — Tout homme de courage est homme de parole.
3. — On ne doit jamais prodiguer une parole d'honneur.
4. — Un honnête homme n'a que sa parole, et sa parole vaut un écrit.

Régulus, général romain, avait été pris par les Carthaginois qui l'envoyèrent, après deux ans d'une dure captivité, traiter avec Rome, en lui annonçant que s'il échouait dans ses négociations, il serait mis à mort à son retour. Sa mission n'aboutit pas : il conseilla même à ses amis de ne point traiter. Il reprit fièrement le chemin de sa prison et se mit à la disposition des Carthaginois qui le firent périr. Il avait été fidèle à la parole donnée. Voici un autre exemple non moins intéressant.

PORÇON DE LA BARBINAIS

Il est un courage plus méritoire peut-être et plus rare que celui du champ de bataille : c'est le courage civique ; c'est-à-dire la froide intrépidité en face du danger, sans le stimulant de cette fièvre guerrière qui s'empare souvent du plus timide quand le canon tonne et quand les clairons jettent dans l'air leurs joyeuses fanfares. Notre histoire nous fournit de beaux traits inspirés par ce courage d'une nature particulière.

La ville d'Alger était, au XVIIe siècle un * repaire de * pirates. Ces audacieux * corsaires sillonnaient la Méditerranée sur leurs légers navires, attaquaient et mettaient au pillage les bâtiments de commerce qu'ils rencontraient. Parfois même ils faisaient des descentes sur les côtes de France, d'Espagne ou d'Italie, et emmenaient comme esclaves tous les malheureux qu'ils avaient pu faire prisonniers. Le sort de ces esclaves était affreux. Ils étaient condamnés aux plus rudes travaux et traités avec une brutalité révoltante.

Au nombre des captifs qui gémissaient dans les cachots du dey d'Alger, se trouvait, au commencement du règne de Louis XIV, un Français nommé Porçon de la Barbinais, officier de la marine marchande, de qui le bâtiment avait été * capturé par les pirates. Le dey le fait un jour appeler, lui ordonne de partir pour la France et de proposer au roi Louis XIV un traité qui était tout à fait inacceptable, car ce chef de * flibustiers prétendait imposer ses conditions au fier et puissant * monarque. Porçon est prévenu que s'il échoue dans sa * négociation, il aura la tête tranchée à son retour ; s'il ne revient pas à Alger dans un délai fixé, six cents de ses compagnons de captivité périront * décapités à sa place. Le malheureux officier fut donc conduit en France sur un navire algérien. Il se rendit à la cour, et fit connaître la mission dont il était chargé. Comme de juste, les ministres de Louis XIV pensèrent que le gouvernement du roi ne pouvait accepter l'humiliation de se laisser dicter des conditions par les flibustiers algériens et Porçon fut éconduit. Il se rendit à Saint-Malo, sa patrie, embrassa ses parents et ses amis ; puis, après avoir mis ses affaires en ordre comme un homme qui part pour un long voyage, il reprit la route d'Alger et y rentra avant l'expiration du délai prescrit. Aussitôt arrivé, il est conduit à la Kasbah, ou palais du dey. Celui-ci lui demande quelle est la réponse du gouvernement français. Porçon réplique, sans se troubler, que le roi de France ne juge pas à propos d'entrer en négociation avec lui ; et il ajoute simplement que, n'ayant pas réussi dans sa mission, il vient s'offrir à la mort plutôt que de laisser périr ses compagnons de captivité. Le dey aurait dû se laisser fléchir par cet acte d'héroïque abnégation ; il ordonne, au contraire, qu'on fasse venir le bourreau, et Porçon de la Barbinais est aussitôt décapité. Cet homme vaut Régulus et nul ne le connaît.

(*Pour la France.*) [1]   GEORGES DURUY.

RÉFLEXIONS. — Notre devoir est de ne jamais prendre d'engagements à la légère ; mais une fois qu'ils sont pris, nous devons les tenir, quoi qu'il nous en coûte. Agir autrement, ce serait manquer de délicatesse et de dignité.

EXERCICES ORAUX OU ÉCRITS

1. — Celui qui manque à sa parole est-il méprisable ; pourquoi ?
2. — Que pensez-vous de Régulus et de Porçon de la Barbinais ? Ont-ils mérité la reconnaissance publique ?
3. — Devez-vous prendre des engagements à brûle-pourpoint et y renoncer de même ? Une telle conduite est-elle délicate et digne ?

---

(1) Paris. Hachette, éditeur. Ouvrage recommandé.

LEXIQUE

Repaire .... Lieu où se retirent les bêtes féroces et les brigands.
Pirate .... Brigand de mer.
Corsaire........ Vaisseau monté par des pirates.
Capturer .... Prendre un navire ennemi, l'arrêter.
Flibustier...... Voleur, filou.
Monarque .... Roi ou empereur.
Négociation .... Action de traiter une affaire avec quelqu'un.
Abnégation ... Renoncement volontaire.
Bourreau .... Celui qui est chargé d'exécuter les condamnés à mort.
Décapité .... Celui auquel on a coupé la tête.

RÉCITATION

Les Cent Louis de Turenne

Une nuit que Turenne passait sur le rempart de Paris, des voleurs arrêtèrent son équipage ; ils lui prirent tout ce qu'il avait sur lui, et ne lui laissèrent qu'un diamant auquel il était extrêmement attaché, sur la promesse qu'il leur fit de leur donner cent louis.

Le lendemain, l'un d'eux fut assez hardi pour se présenter à son hôtel : il se fit introduire, quoiqu'il y eût une nombreuse compagnie ; il s'approche de l'oreille de M. de Turenne, le fait souvenir de sa promesse de la veille, et en reçoit les cent louis qu'il était venu chercher.

M. de Turenne lui laissa le temps de s'éloigner, après quoi il conta son aventure à l'assemblée. Tout le monde parut surpris de son procédé.

« Il faut être inviolable dans ses promesses, dit-il, un honnête homme ne doit jamais manquer à sa parole, quoique donnée à des fripons. »

DE RAMSAY

LEÇON XX

Programme. — RESPECT DE L'HONNEUR ET DE LA RÉPUTATION D'AUTRUI

MAXIMES

1. — L'honneur est comme une île escarpée et sans bords ;
   On n'y peut plus rentrer dès qu'on en est dehors.
2. — La réputation a la limpidité de l'œil que la moindre tache ternit.

3. — Bonne renommée vaut mieux que ceinture dorée,
4. — Quand on pardonne à un ennemi, on se fait plusieurs amis.

Evitez de faire tort à autrui par l'injure, le * chantage la calomnie, la menace ou la * diffamation. Un homme honnête respecte toujours l'honneur et la réputation de son semblable ; il ne parle jamais mal de lui.

LE MÉDISANT ET LE CALOMNIATEUR

Nous devons nous abstenir de porter atteinte à la considération dont jouissent nos semblables, de blesser le sentiment qui les porte à désirer l'estime publique, de nuire à leur réputation, à leur honneur, qui sont les biens les plus précieux de l'homme.

Le * *médisant* n'est aimé de personne, car il révèle sans nécessité, et souvent par jalousie ou méchanceté, les fautes les plus légères, et cela, dans le but avoué de nuire à autrui.

Voici ce qu'en dit * Fléchier dans un de ses discours sur la médisance :

« Quelle joie secrète pour les ambitieux d'entendre les mauvais propos qu'on tient de ceux dont ils voudraient occuper la place ! Quel plaisir même pour ceux qui, par crainte ou par bienséance, n'osent médire des personnes qu'ils n'aiment pas, de les entendre décrier sans hasarder de se décrier eux-mêmes ! La médisance, ce vice détestable, convertit en poison tout ce que l'innocence la plus pure lui oppose pour le combattre : c'est un monstre à cent visages différents qui contrefait le langage de l'amitié, de la compassion, de la louange et de la piété même. »

Le médisant peut être la source de grands malheurs, il peut brouiller des amis et des familles, semer la discorde dans une société, dans une nation. Il prend toutes sortes de moyens pour atténuer la portée immédiate de ses paroles. Il parle *d'une aventure qu'on vient de lui raconter et à laquelle il ne croit pas*, mais... « il n'y a pas de fumée sans feu, » ajoute-t-il pour justifier ses paroles ; ou bien il glisse un mot à l'oreille de son interlocuteur disant : *N'en parlez à personne, on a le temps de savoir cela*. D'autres fois, il fait un éloge excessif de la personne qu'il veut perdre, puis il ajoute tout de suite *que personne n'est parfait*. Et mille autres manières de nuire à la renommée d'autrui.

Croyez-moi, mes bons amis, fermez l'oreille à la médisance et faites comme * Platon à qui l'on vint raconter un jour que * Xénocrate avait mal parlé de lui : « Je n'en crois rien, répondit-il. » On insista, il ne céda point. Son entourage offrit des preuves : « Il est impossible, répliqua-t-il, que je ne sois point aimé d'un homme que j'aime si tendrement. »

Vous aurez aussi, mes enfants, le plus grand respect pour la mémoire des morts. Imitez cet homme d'Etat anglais qui répondit, quand on l'interrogea sur l'avarice dont était accusé * Marlborough, son ennemi défunt : « C'était un si grand homme que j'ai oublié s'il avait des défauts. »

Le * *calomniateur*, lui, ment dans le but de ternir la réputation d'autrui ; il invente et propage des faits qu'il sait être absolument faux et que néanmoins il donne comme absolument vrais.

Il prend tous les masques, feint de constater à regret le mal qu'il invente, de porter intérêt à ceux qu'il déshonore, etc.

Ce n'est pas sans raison qu'on a comparé la calomnie au serpent. Comme lui, elle se * faufile en rampant, mord et se cache ; son venin tue parfois plus sûrement qu'une arme à feu.

Vous avez entendu parler sans doute de Calas, dont

la famille, à Toulouse, jouissait d'une grande réputation.

Le fils aîné, Marc-Antoine, qui avait dédaigné de suivre les observations et les exemples de ses parents, résolut d'en finir avec la vie qui lui était devenue odieuse.

Un matin, on le trouva pendu dans la cour, près de la maison de ses parents. On insinua que, pour des motifs de religion, c'était le vieux Calas qui avait fait mourir son fils.

La calomnie gagna bientôt toute la ville, et le pauvre innocent Calas, conduit devant les juges, fut condamné à la mort la plus horrible.

Le Tasse, qui fut un des plus grands poètes dont l'Italie s'honore, apprit un jour qu'il avait été calomnié par un jaloux. On lui révéla même, en l'engageant à la publier, une vilaine action de son calomniateur, action qui aurait porté la plus grande atteinte à l'honneur de celui-ci si elle eût été rendue publique.

Le Tasse répondit noblement : « Je n'ôterai à cet homme ni l'honneur, ni la vie, mais je voudrais seulement lui ôter la volonté de faire du mal. »

Mes enfants, veillez sur votre langage ; ne dites pas d'autrui ce que vous ne voudriez pas qu'il dise de vous. Abstenez-vous de dire même des choses vraies, plutôt que de mal parler du prochain.

RÉFLEXIONS. — La calomnie tue parfois plus sûrement qu'une arme à feu. Veillez attentivement sur votre langage ; l'honneur se perd en un instant par la calomnie. « On se repent toujours d'avoir trop parlé, et rarement de s'être tu. »

DEVOIRS ORAUX OU ÉCRITS

1. — Racontez la différence qui existe entre la médisance et la calomnie. Faut-il mal parler des absents ? Pourquoi non ?

2. — Quelles peuvent être les funestes conséquences d'une calomnie ?
3. — Devez-vous garder les secrets qu'on vous a confiés ? Est-il bien de regarder aux fenêtres, d'écouter aux portes et de lire des lettres qui ne vous sont pas adressées ?

LEXIQUE

Chantage .... Manœuvre déloyale pour obtenir de l'argent de quelqu'un.
Diffamer...... Chercher à perdre quelqu'un dans sa réputation.
Médisant ..... Celui qui parle mal d'autrui.
Fléchier...... Orateur français, évêque de Nîmes (1632-1718.)
Platon........ Célèbre philosophe grec mort en 387 (av. J. C.)
Xénocrate.... Philosophe grec, disciple de Platon, mort en 314 (av. J. C.)
Marlborough . Fameux général anglais, gagna sur les Français les victoires de Hochstaedt, de Ramillies et de Malplaquet.
Calomniateur. Celui qui invente et colporte des mensonges pour nuire aux autres.
Se faufiler.... Se glisser adroitement.
Insinuer...... Faire entrer adroitement une chose dans l'esprit.

RÉCITATION

La Calomnie

Quels ravages affreux
N'excite pas ce monstre ténébreux,
A qui l'envie, au regard homicide,
Met dans la main son flambeau parricide,
Mais dont le front est peint avec tout l'art
Que peut fournir le mensonge et le fard ?
Le faux soupçon, lui consacrant ses veilles,
Pour l'écouter ouvre ses cent oreilles ;
Et l'ignorance, avec des yeux distraits,
Sur son rapport prononce nos arrêts.
Voilà quels sont les infidèles juges
A qui la Fraude, heureuse en subterfuges,
Fait avaler son poison infernal ;
Et tous les jours, devant un tribunal,
Par les cheveux, l'Innocence traînée,
Sans se défendre est d'abord condamnée.

J.-B. ROUSSEAU.

LEÇON XXI

Programme : LE RESPECT DES OPINIONS ET DES CROYANCES. TOLÉRANCE

MAXIMES

1. — L'intolérance n'a jamais fortifié une vérité ni affaibli une erreur.
2. — La liberté est de droit naturel.
3. — Voulez-vous que les autres respectent vos opinions ? respectez aussi les leurs.
4. — On ne doit combattre l'opinion que par le raisonnement ; on ne tire pas des coups de fusil aux idées.

SOYEZ TOLÉRANTS

Nous appelons certains hommes sauvages parce que leurs manières diffèrent des nôtres, que nous croyons le dernier degré de la politesse. Ils ont la même opinion des leurs. Un missionnaire suédois ayant assemblé les chefs indiens de la * Susquehannah, leur fit un sermon, les instruisant des principaux faits historiques sur lesquels s'est fondée la religion chrétienne, tels que la chute de nos premiers ancêtres quand ils mangèrent la pomme, la venue du Christ pour réparer le mal, ses miracles, ses souffrances, etc. Quand il eut achevé, un orateur indien se leva pour le remercier et lui dit : « Ce que vous venez de nous faire entendre est fort bien ; il est très mal de manger les pommes, il vaut mieux en faire du cidre. Nous vous remercions beaucoup de venir de si loin nous raconter ces choses que vos mères vous ont apprises. En retour, je vais vous faire connaître ce que nous tenons des nôtres.

« Autrefois, nos pères n'avaient pour se nourrir que la chair des animaux ; et ils mouraient de faim quand leur chasse était infructueuse. Un jour, deux de nos jeunes chasseurs, ayant tué un daim, allumèrent un feu de bois pour en faire cuire une partie. Au moment où ils allaient satisfaire leur appétit, ils virent une belle jeune femme qui descendait des nuages et s'asseyait sur cette colline que vous voyez là-bas, près des montagnes bleues. Ils se dirent l'un à l'autre : « C'est peut-être un esprit qui a senti l'odeur de notre gibier grillé, et qui désire en manger. Si nous lui en offrions? » Ils lui présentèrent la langue du daim. Elle trouva le mets de son goût et leur dit : « Votre bonté sera récompensée. Revenez ici lorsque treize lunes auront passé, et vous trouverez quelque chose qui vous sera très utile pour vous nourrir, vous et vos enfants, jusqu'à la dernière génération. Ils obéirent et, à leur grand étonnement, ils trouvèrent beaucoup de plantes qu'ils n'avaient jamais vues avant, mais qui, depuis ce temps, ont été constamment cultivées par nous, à notre grand profit. Là où la main droite de la jeune femme avait touché la terre, ils trouvèrent du maïs; l'endroit où avait touché sa main gauche produisait des haricots, et celui où elle s'était assise du tabac. »

Le bon missionnaire, qu'ennuyait ce conte ridicule, dit :

« Je vous ai annoncé des vérités sacrées; mais vous ne m'entretenez que de fables, de fictions et de mensonges. » L'Indien offensé lui répondit : « Mon frère, il me semble que vos parents ne vous ont pas donné des leçons de justice, et qu'ils ont négligé de vous apprendre les règles de la politesse la plus élémentaire. Nous vous avons montré que nous comprenons et que nous pratiquons ces règles. Puisque nous avons cru vos histoires, pourquoi refusez-vous de croire les nôtres? »

FRANKLIN.

RÉFLEXIONS. — Ne pas tolérer les croyances et les opinions d'autrui, c'est une faute et une sottise. «Nul en France ne doit être inquiété pour ses opinions, même religieuses, pourvu que leur manifestation ne trouble pas l'ordre public établi par la loi.»

Chacun peut professer le culte qu'il veut, et même n'en professer aucun, si cela lui plaît.

EXERCICES ORAUX OU ÉCRITS

1. — Que pensez-vous de la conduite du missionnaire dans l'histoire qui précède?
2. — La liberté des croyances existe-t-elle, et doit-elle exister légalement? Depuis quelle époque?
3. — Que devons-nous faire quand il meurt un citoyen qui ne pratique pas de religion ou qui ne pratique pas la même religion que nous?

LEXIQUE

Susquehannah. Rivière des Etats-Unis, se jette dans la baie de Chésapeake; cours, 200 kilomètres.
Fictions.. ...... Invention fabuleuse.

RÉCITATION

Le pauvre Colporteur

Le pauvre colporteur est mort la nuit dernière;
Nul ne voulait donner des planches pour sa bière;
Le forgeron lui-même a refusé son clou :
« C'est un juif, disait-il, venu je ne sais d'où,
Un ennemi du Dieu que notre terre adore,
Et qui, s'il revenait, l'outragerait encore;
Son corps * infecterait un cadavre chrétien.
Aux crevasses du roc traînons-le comme un chien.
La croix ne doit point d'ombre à celui qui la nie,
Et ce n'est qu'à nos os que la terre est bénie. »
Et la femme du juif et ses petits enfants
Imploraient vainement la pitié des passants,
Et, disputant le corps au dégoût populaire,
Retenaient par les pieds le mort dans son * suaire.
Du scandale inhumain averti par hasard,
J'accourus, j'écartai la foule du regard.
Je tendis mes deux mains aux enfants, à la femme;
Je fis honte aux chrétiens de leur dureté d'âme,

Et, rougissant pour eux, pour qu'on l'ensevelit :
« Allez, dis-je, et prenez les planches de mon lit. »
Ces deux mots ont suffi pour retourner leur âme,
Et l'on se disputait les enfants et la femme.

(*Jocelyn.*) [1] LAMARTINE.

LEÇON XXII

Programme. — CHARITÉ, FRATERNITÉ

MAXIMES

1. — Faites à autrui ce que vous voudriez qu'on vous fît à vous-mêmes.
2. — Regarde tous les hommes comme des frères, aime-les, travaille pour eux, et tu seras consolé.
3. — Aidons-nous mutuellement ; la charge des malheurs en sera plus légère.
4. — Le bien que l'on fait à son frère, pour le mal que l'on souffre est un soulagement.

CHARITÉ ET FRATERNITÉ

I

La CHARITÉ et la FRATERNITÉ sont deux vertus qui s'inspirent de ces préceptes de la morale universelle : « Aimez votre prochain, faites à autrui ce que vous voudriez qu'il vous fût fait. » L'une et l'autre se proposent de secourir les malheureux.

Elles diffèrent cependant en plus d'un point. Tandis que la *charité* est essentiellement *bénévole, *facultative, *arbitraire, ne relève que de la sensibilité, de la bonté de cœur de celui qui donne, la *fraternité* ne va pas sans l'idée d'égalité, de justice, et s'impose comme un devoir absolu.

(1) Paris, Hachette et Cie, éditeurs.

La charité suppose un bienfaiteur, riche, puissant, et un obligé, pauvre, sans appui. Elle ne fait disparaitre ni les * privilèges, ni les inégalités sociales du rang, de la naissance, de la richesse. En affirmant la supériorité de celui qui possède sur celui qui n'a rien, elle abaisse et humilie.

La fraternité, au contraire, relève le malheureux, car elle tend à effacer les distinctions de rang et de fortune entre les citoyens. Elle considère l'humanité comme une famille et tous les hommes comme des frères ayant les mêmes droits à l'existence et, autant que possible, au bien-être.

On pourrait donc dire que la charité est la vertu des * aristocraties, et la fraternité la vertu des Républiques.

Dès les temps les plus reculés, les forts ont imposé leur volonté aux faibles. Ils les ont réduits en esclavage et les ont faits travailler pour eux comme travaillent le cheval ou le bœuf de labour. Tandis que des malheureux sans terre, sans biens d'aucune sorte, * croupissaient dans la misère la plus dégradante, leurs maîtres se donnaient tous les plaisirs, toutes les jouissances. Dans les sociétés antiques, les meilleurs d'entre ces puissants, les plus éclairés, les plus humains, * patriciens ou seigneurs féodaux, exerçaient la charité envers leurs esclaves, leurs clients ou leurs serfs. Mais jamais il ne leur serait venu à l'esprit qu'ils devaient considérer ces êtres, selon eux inférieurs, comme des frères, des égaux, et qu'ils avaient le devoir de renoncer à leurs privilèges pour élever ces humbles jusqu'à eux.

Il a fallu des siècles et une Révolution, celle de 1789, pour faire pénétrer dans les institutions sociales cette vérité, que TOUS LES HOMMES SONT frères, parce qu'ils ont tous les mêmes grands intérêts, et parce qu'ils possèdent un patrimoine commun légué par leurs ancêtres, le patrimoine des grandes découvertes des sciences et des arts, le patrimoine de la civilisation.

C'est avec cette signification que la fraternité figure à côté de la liberté et de l'égalité dans notre célèbre devise républicaine qui est à elle seule tout un code de morale.

II

Certes, la charité qui nourrit ceux qui ont faim, donne un abri et des vêtements à ceux qui ont froid, la charité qui soigne et console les malades, est digne de notre respect et de notre admiration.

Mais souvent ses bienfaits vont à l'encontre du but qu'elle se propose. Maintes fois, l'aumône, qui humilie et dégrade, engendre la fainéantise.

Combien croyez-vous qu'il y ait de véritables malheureux dignes d'intérêt dans cette foule de mendiants, pour la plupart capables de travailler, qui se presse, à certains jours, à la porte de ce château somptueux où l'on distribue des secours aux * indigents ? Les habitants de cette demeure princière sont bons, généreux, leur main est largement ouverte ; mais leurs charités tombent souvent, sans discernement, sur des gens valides qui ont fait de la mendicité une profession.

Voyez-vous cette usine dont les cheminées fument là-bas à l'horizon ? Pénétrons ensemble dans cette ruche où bourdonne et s'agite l'essaim des travailleurs ? Interrogeons ce contre-maître ! Il nous racontera qu'il y a quelques années, un brave ouvrier comme lui, ayant épargné quelque argent, grâce à un labeur opiniâtre et grâce à sa sobriété, monta une modeste fabrique qui bientôt prospéra et lui donna de gros bénéfices. Au lieu de se retirer et de manger ses revenus dans un bien-être égoïste, que croyez-vous que fit cet honnête homme? Il assembla ses ouvriers et leur annonça qu'il ne voulait garder de sa fortune que ce qu'il lui fallait pour vivre, et qu'il leur abandonnait l'usine, l'outillage, et mettait à leur disposition les capitaux nécessaires à la fabrication.

Depuis ce moment, les ouvriers n'ont plus de patrons; ils sont associés entre eux et jouissent tous des mêmes droits. Ils choisissent parmi eux des administrateurs, des contremaîtres pour un temps déterminé. Si l'entreprise est en perte, ces pertes sont supportées par le capital commun; si des gains sont réalisés, après en avoir mis une partie en réserve, ils se les partagent * équitablement et chacun reçoit une part proportionnée au travail qu'il a fourni. Naturellement, il n'est plus question de pauvres dans une pareille société. Ils ont des écoles, une bibliothèque, des bains, des salles de fêtes, tout le bien-être, en un mot, que seule peut donner, sans grands frais, l'association.

L'homme à qui ils doivent ces bienfaits était un grand cœur et une grande intelligence. Il s'appelait Godin. Le sentiment qui lui a inspiré ce généreux sacrifice est celui de la FRATERNITÉ.

CH. BEAUQUIER, Député.

RÉFLEXIONS. — La charité nous fait un devoir d'oublier nos propres souffrances pour soulager celles d'autrui. Il n'est pas nécessaire de se connaître pour exercer la charité. Notre action n'est que plus méritoire si nous soulageons notre semblable uniquement parce qu'il est dans le malheur.

EXERCICES ORAUX OU ÉCRITS

1. — Qu'entend-on par charité et par fraternité? Faites voir par des exemples ce que doivent être ces vertus.
2. — On dit que « tous les hommes sont frères » Dites alors ce que chacun doit faire pour ses semblables.
3. — Prouvez que le dévouement n'est qu'une forme de la charité et de la fraternité.

LEXIQUE

Bénévole .... Bien disposé; bienveillant.
Facultative .. Que l'on peut faire ou ne pas faire.
Arbitraire ... Qui n'est soumis à aucune loi.
Privilége .... Droit ou avantage particulier accordé à quelqu'un.
Aristocratie . Gouvernement de quelques privilégiés, de naissance noble.
Croupir ...... Demeurer dans un état honteux.
Patricien .... Se disait, à Rome, du premier ordre de l'Etat.
Indigent ..... Très pauvre, réduit à la misère.
Equitablement Conforme à l'équité, c'est-à-dire à la justice naturelle.

RÉCITATION

L'Aumône

Donnez, riches! l'aumône est sœur de la prière.
Hélas! quand un vieillard, sur votre seuil de pierre,
Tout raidi par l'hiver, en vain tombe à genoux;
Quand les petits enfants, les mains de froid rougies,
Ramassent sous vos pieds les miettes des orgies,
La face du Seigneur se détourne de vous.

Donnez! il vient un jour où la terre vous laisse:
Vos aumônes, là-haut, vous font une richesse.
Donnez! afin qu'on dise: « Il a pitié de nous! »
Afin que l'indigent que glacent les tempêtes,
Que le pauvre qui souffre à côté de vos fêtes,
Au seuil de vos palais fixe un œil moins jaloux.

Victor HUGO. [1]

---

(1) Paris, Hetzel et Paul Meurice, éditeurs.

LEÇON XXIII

Programme : LA SOLIDARITÉ

MAXIMES

1. — L'union fait la force.
2. — Aimons-nous, aidons-nous, secourons-nous.
3. — Il faut, autant qu'on le peut, obliger tout le monde.
4. — Unissez-vous; n'êtes-vous pas tous frères ; portez donc en commun vos communes misères.

L'homme qui a reçu de la nature plus d'intelligence que ses semblables utilise ce don pour lui-même et peut aussi en faire profiter les autres. Le sauvage qui a inventé le premier * canot et le premier filet pour la pêche, en vendant son invention, fruit de ses laborieuses recherches, a associé d'autres individus à sa découverte et leur a donné ainsi le moyen d'améliorer leur existence et celle de leurs familles par un travail considérable et moins pénible.

C'est ainsi que les inventions d'un savant profitent à tous les hommes et que la communauté de leurs intérêts fait le profit des uns et des autres.

LES DEUX PÈRES DE FAMILLE

Deux hommes étaient voisins, et chacun d'eux avait une femme et plusieurs petits enfants, et son seul travail pour les faire vivre.

Et l'un d'eux s'inquiétait en lui-même, disant : Si je meurs ou si je tombe malade, que deviendront ma femme et mes enfants ?

Et cette pensée ne le quittait point, et elle rongeait son cœur comme le ver ronge le fruit où il est caché.

Or, bien que la même pensée fût également venue à l'autre, il ne s'y était point arrêté; car, disait-il, celui qui connaît toutes ses créatures et qui veille sur elles, veillera aussi sur moi, sur ma femme et sur mes enfants.

Il vivait tranquille, tandis que le premier ne goûtait

pas un instant de repos ni de joie intérieurement. Un jour qu'il travaillait aux champs, triste, abattu à cause de sa crainte, il vit quelques oiseaux entrer dans un buisson, en sortir et puis bientôt y revenir encore. S'étant approché, il vit deux nids posés côte à côte et dans chacun plusieurs petits nouvellement éclos et sans plumes.

Quand il fut retourné à son travail, de temps en temps il levait les yeux et regardait ces oiseaux qui allaient et venaient portant la nourriture à leurs petits. Or, au moment où une des mères rentrait avec sa becquée, un * vautour la saisit, l'enlève, et la pauvre mère, se débattant vainement sous sa * serre, jetait des cris perçants.

A cette vue, l'homme qui travaillait sentit son âme plus troublée qu'auparavant ; car, pensait-il, la mort de la mère, c'est la mort des enfants. Les miens n'ont que moi non plus. Que deviendront-ils si je leur manque ?

Et tout le jour, il fut sombre et triste, et la nuit il ne dormit point. Le lendemain, de retour aux prés, il se dit : Je veux voir les petits de cette pauvre mère; plusieurs sans doute ont déjà péri. Et il s'achemina vers le buisson.

Il vit les petits bien portants; pas un ne semblait avoir * pâti. Ceci l'ayant étonné, il se cacha pour observer ce qui se passerait.

Après un peu de temps, il entendit un léger cri ; il aperçut la seconde mère rapportant en hâte la nourriture qu'elle avait recueillie, et elle la distribua à tous les petits indistinctement. Il y en eut pour tous : les orphelins ne furent point délaissés dans leur misère.

Le père raconta le soir à son voisin ce qu'il avait vu. Celui-ci lui dit : Pourquoi s'inquiéter ?...

    Aux petits des oiseaux Dieu donne la pâture
    Et sa bonté s'étend sur toute la nature.

Espérons et poursuivons notre route en paix. Si je meurs avant vous, vous serez le père de mes enfants; si vous mourez avant moi, je serai le père des vôtres.

Et si l'un et l'autre nous mourons avant qu'ils soient en âge de pourvoir eux-mêmes à leurs nécessités, ils auront pour père le Père qui est dans les Cieux, et pour mère la Société qui prend soin de tous ses enfants.

(D'après LAMENNAIS.)

RÉFLEXIONS. — Le travail de chacun profite à toute l'humanité. Chaque individu doit être fier de concourir à cette œuvre commune, à cette vaste Fédération du travail et des travailleurs.

EXERCICES ORAUX OU ÉCRITS

1. — Montrez comment le travail de l'un profite aux autres dans la société.
2. — Développez cette maxime : « l'union fait la force » et montrez ce que peut l'association des travailleurs.
3. — Parlez des assurances, en général, et des bienfaits qu'elles procurent.

LEXIQUE

Canot.......... Petite embarcation.
Vautour....... Gros oiseau de proie.
Serres......... Griffes des oiseaux de proie.
Pâti........... Avoir pâti, c'est-à-dire avoir souffert.

RÉCITATION

L'Ane et le Chien

Il se faut entr'aider, c'est la loi de nature.

    L'Ane, un jour, pourtant s'en moqua,
    Et ne sais comme il y manqua,
    Car il est bonne créature.
Il allait par pays, accompagné du Chien,
    Gravement, sans songer à rien,
    Tous deux suivis d'un commun maître.
Ce maître s'endormit. L'Ane se mit à paître ;
    Il était alors dans un pré
    Dont l'herbe était fort à son gré.

Point de chardons pourtant ; il s'en passa pour l'heure :
Il ne faut pas toujours être si délicat ;
  Et faute de servir ce plat,
  Rarement un festin demeure.
  Notre baudet s'en sut enfin
Passer pour cette fois. Le Chien, mourant de faim,
Lui dit : « Cher compagnon, baisse-toi je te prie :
Je prendrai mon dîner dans le panier au pain. »
Point de réponse, mot ; le roussin d'Arcadie
  Craignit qu'en perdant un moment,
  Il ne perdit un coup de dent.
  Il fit longtemps la sourde oreille.
Enfin il répondit : « Ami, je te conseille
D'attendre que ton maître ait fini son sommeil ;
Car il te donnera sans faute, à son réveil,
  Ta portion accoutumée ;
  Il ne saurait tarder beaucoup. »
  Sur ces entrefaites, un Loup
Sort du bois, et s'en vient, autre bête affamée.
L'Ane appelle aussitôt le Chien à son secours.
Le Chien ne bouge, et dit : « Ami je te conseille
De fuir en attendant que ton maître s'éveille ;
Il ne saurait tarder : détale vite, et cours.
Que si le loup t'atteint, casse-lui la mâchoire :
On t'a ferré de neuf ; et, si tu veux m'en croire,
Tu l'étendras tout plat. » Pendant ce beau discours,
Seigneur Loup étrangla le Baudet sans remède.

  Je conclus qu'il faut qu'on s'entr'aide.

LA FONTAINE

L'Aveugle et le Paralytique

 Ils étaient deux malheureux, bien cruellement éprouvés. L'un avait des jambes, mais pas d'yeux ; il pouvait marcher mais non pas se conduire. L'autre avait des yeux, mais pas de jambes ; il pouvait se conduire, mais non pas marcher. Ils unissent leurs misères, au lieu de rester chacun tout seul et impuissant. L'aveugle prit sur ses épaules le paralytique et se chargea de le porter ; et le paralytique, de son côté, se chargea de conduire l'aveugle.

Charles BIGOT.

LEÇON XXIV

Programme. — BIENVEILLANCE ET RECONNAISSANCE

MAXIMES

1. — L'homme charitable ne doit pas seulement donner à ceux qui demandent, il doit aller au devant de ceux qui n'osent demander.
2. — L'homme charitable aime ceux qui le haïssent et rend toujours le bien pour le mal : c'est sa manière de se venger.
3. — La bienveillance est une clef d'or qui ouvre tous les cœurs.
4. — Se montrer reconnaissant d'un bienfait, c'est prouver qu'on en était digne.

LE BIENFAITEUR IGNORÉ

Devant un des plus brillants * étalages de Paris, un vieillard était arrêté, contemplant les magnifiques pâtisseries qui s'offraient à sa vue. Rien en lui n'annonçait l'indigence, et pourtant son regard semblait dire qu'il était plutôt tourmenté par la faim que par un désir sensuel.

Il était sept heures du soir. Des jeunes gens qui sortaient fort gaiement d'un restaurant voisin le remarquèrent et furent frappés de la singulière expression de sa physionomie. Après qu'ils se furent un instant concertés, l'un d'eux se baissa, puis se relevant, il frappa doucement sur l'épaule du vieillard : « Monsieur, dit-il, vous venez de laisser tomber ceci. » Après lui avoir remis un petit papier, il s'éloigna rapidement.

Le vieillard l'ouvrit d'une main tremblante. Il y trouva une pièce de vingt francs !... Quelle manière délicate de faire la charité !...

LE BOUQUET DE VIOLETTES

Une marchande de bouquets était installée sur la place publique d'une ville. A ses côtés se trouvait un jeune aveugle qui attendait * l'obole des passants. Une charmante jeune fille, d'une dizaine d'années, arrive avec sa bonne.

Elle voit les petits bouquets de violettes qu'au printemps on offre pour un sou. De suite, elle en prend un, piqué dans la mousse, et en respire le frais et pénétrant parfum en jetant sur la table une pièce de dix centimes :

« Rendez-moi un sou, dit-elle à la marchande.

— C'est deux sous, répond celle-ci un peu cavalièrement.

— Deux sous ! s'écrie l'enfant choquée, c'est trop cher. » Puis, après l'avoir de nouveau respiré, et comme dans un adieu de regrets, elle replante le petit bouquet dans la mousse, reprend fièrement ses deux sous et... les jette dans la * sébile de l'aveugle, réalisant trois actes à la fois dans ce mouvement spontané : une leçon à l'avidité de la marchande ; une charité charmante ; un triomphe sur sa sensualité.

L'enfant semblait dire en s'éloignant heureuse : « Je ne suis pas assez riche pour m'accorder un plaisir si coûteux ; soulageons d'abord les malheureux ! »

TRAIT DE RECONNAISSANCE

Un jeune homme, élevé dans un hospice des Enfants-Trouvés, où il était connu sous le nom de Pierre, fut envoyé avec d'autres camarades, au sortir de l'enfance, à Saint-Quentin, pour y être nourri dans une famille bourgeoise, moyennant une légère rétribution.

Au bout de quelques années, on vint retirer les enfants des mains de ceux qui s'en étaient chargés. Par un stratagème resté inconnu, Pierre, qui s'était attaché à ses parents adoptifs, trouva le moyen de s'échapper et de revenir chez ses hôtes qu'il ne voulait plus quitter.

Là, on lui apprit un métier, sans autre but que de faire une bonne action. Cette famille ne tarda pas à en être récompensée, et voici en quelle circonstance :

Un créancier impitoyable exigea le paiement d'une somme modique que lui devaient les bienfaiteurs de Pierre. Pour se mettre à l'abri des poursuites dont ils étaient menacés, ils résolurent de vendre une partie de leur argenterie.

C'est à Pierre que l'on confia le soin de cette vente ; mais il dit à cette famille de ne point se presser de vendre son argenterie, qu'il travaillera à la tirer d'embarras par d'autres moyens.

Immédiatement il va trouver un colonel d'artillerie, s'engage dans son régiment, et reçoit le prix de sa liberté qu'il apporte sans retard à ses bienfaiteurs.

« Tenez, dit-il, il y a longtemps que j'avais envie de servir ma patrie, et pour vous prouver que je ne suis point ingrat, je viens de me satisfaire. Acquittez votre dette. »

Les hôtes de Pierre, fondant en larmes, l'embrassèrent et voulurent le forcer à reprendre son argent. Rien ne put ébranler sa résolution. Il est parti au service du pays, emportant l'estime de tous les habitants de Saint-Quentin.

Réflexions. — La manière de donner vaut mieux que ce que l'on donne. Donnez avec délicatesse, sans faire rougir celui qui reçoit. Tous les hommes, étant frères, doivent comme tels se secourir et s'aimer mutuellement. Un bienfait reçu doit être suivi d'un autre bienfait : ne soyez point ingrats. L'ingratitude est le plus noir de tous les vices.

EXERCICES ORAUX OU ÉCRITS

1. — Que pensez-vous de la manière dont le jeune homme a fait l'aumône au vieillard ?
2. — Parlez de la jeune fille qui se prive pour soulager un malheureux.
3. — Y a-t-il plusieurs manières de faire la charité ? Citez des exemples-

LEXIQUE

Etalage......... Exposition de marchandises.
Obole .... La plus petite monnaie usitée autrefois.
Sébile .... Écuelle de bois ronde et creuse.
Stratagème .... Finesse, subtilité, tour d'adresse.

RÉCITATION

Carnot

« Un jour il s'arracha à ses importants travaux pour revoir les lieux où s'était écoulée son enfance. Arrivé à Nolay, il prit le chemin qui menait à la maison d'école. Là, il eut le bonheur de retrouver son vieux maître blanchi par les années, et qui enseignait encore les petits enfants. Il se jeta à son cou, puis le montrant à ceux qui l'entouraient ; « Voilà, dit-il, après mes parents, l'homme à qui je dois le plus. Voilà mon second père. C'est de lui que j'ai appris à connaître et à aimer la France. »

La Colombe et la Fourmi

Le long d'un clair ruisseau buvait une colombe ;
Quand sur l'eau se penchant une fourmis (1) y tombe ;
Et dans cet océan l'on eût vu la fourmis
S'efforcer, mais en vain, de regagner la rive.
La colombe aussitôt usa de charité :
Un brin d'herbe dans l'eau par elle étant jeté,
Ce fut un promontoire où la fourmis arrive.
     Elle se sauve. Et là-dessus
Passe un certain croquant qui marchait les pieds nus ;
Ce croquant, par hasard, avait une arbalète.
     Dès qu'il voit l'oiseau de Vénus,
Il le croit en son pot, et déjà lui fait fête.

---

(1) Autrefois fourmi s'écrivait avec un s au singulier comme au pluriel.

Tandis qu'à le tuer mon villageois s'apprête,
  La fourmis le pique au talon.
  Le vilain retourne la tête :
La colombe l'entend, part, et tire de long.
Le souper du croquant avec elle s'envole :
  Point de pigeon pour une obole.

LA FONTAINE.

LEÇON XXV

Programme. — LE DÉVOUEMENT, FORME SUPRÊME DE LA CHARITÉ

MAXIMES

1. — Puisque tous les hommes sont frères, ils doivent toujours être prêts à se dévouer les uns pour les autres.
2. — La plus noble des joies qu'un homme puisse éprouver, c'est de se dévouer pour un autre homme.
3. — Quand le malheur frappe les hommes, combien il leur est doux de se rappeler qu'ils sont frères et de s'appuyer l'un sur l'autre.
4. — C'est à ceux qui souffrent et qui se trompent que nous devons tendre la main : les heureux n'ont pas besoin de nous.

« Après avoir donné on se donne. Le bien est un engrenage : une fois le cœur pris, il faut que tout l'être y passe ».

MADEMOISELLE CLÉMENTINE RYDER

Mademoiselle Clémentine Ryder est née à Dieppe en 1830. Elle a donc aujourd'hui plus de 58 ans. Elle était sans fortune et l'aînée de douze enfants qu'elle a élevés d'abord, soutenus ensuite. Mais ceci n'est rien dans sa vie. A vingt ans, elle entra comme institutrice dans une famille riche. Pour elle, c'était le luxe ; pour ses parents, l'aisance; elle eût pu s'en tenir là; mais le bien qu'elle ne fait pas la tourmente. Aux heures de loisir, elle visitait déjà les malades chez eux, elle finit par se glisser dans les hôpitaux; puis ses pauvres augmentant, ses ressources diminuant, elle en arrive insensiblement à sacrifier à sa vertu, exigeante comme un vice, sa situation, son bien-être et jusqu'à sa fierté; elle demande l'aumône pour faire l'aumône... elle mendie !

Ce n'est pas tout. Au bout de quelque temps, Mlle Ryder, dont l'intelligence n'est pas moins grande que le cœur, se dit qu'au lieu de secourir la misère, mieux vaudrait peut-être la * prévenir, et elle rêva de recueillir les enfants abandonnés, ceux que le vice tient déjà où qu'il guette, et parmi ceux-là les plus exposés : les petites filles. En 1877, dans une rue d'Amiens, elle fonda une « maison de refuge pour les mineures sans ressources. » Quand je dis « fonda, » je devrais dire « ouvrit ; » et quand je dis « maison, » je devrais dire « boutique. » Elle y amena d'abord deux petites malheureuses ramassées dans la rue. Puis d'autres, puis d'autres encore. Et à mesure que ce petit monde s'entassait dans l'asile étroit, il fallait se serrer, partager, s'entr'aider. Mais la directrice avait déjà su établir entre ces enfants un courant d'émulation tel que pour eux la privation était une gourmandise, et le sacrifice une récompense. Quand on était sage, on pouvait donner un de ses matelas à une nouvelle venue, et quand on était très..... oh! mais alors très sage, la moitié de son maigre repas. Puis peu à peu le succès vint, l'œuvre grandit ; * l'échoppe devint réellement une maison; au lieu d'une douzaine d'enfants, Mlle Ryder en eut vingt, trente, cinquante à soigner, à nourrir, à habiller, à instruire. Elle n'avait, du reste, aucune ressource. Comment faisait-elle? Je l'ignore : tout ce que j'en sais, c'est que chaque matin on la voyait, comme on la voit encore, par la ville, poussant devant elle une voiture à bras, s'arrêtant devant les fournisseurs charitables ou faciles, récoltant ou achetant à bas prix les déchets de leurs * comestibles et les morceaux inférieurs. Le reste est le secret du dévouement. Aujourd'hui, elle a 70 pensionnaires. De ressources, bien entendu, pas davantage. Croyez-vous pour cela qu'elle ferme sa porte? Elle l'ouvre, au contraire, plus grande que jamais. Et ce ne sont plus seulement les mineures abandonnées qu'elle accueille à présent, mais toutes celles qu'on lui amène, les vicieuses, les incurables, celles que leurs parents ne peuvent nourrir, celles que les hospices repoussent, celles que les écoles rejettent. Tout ce qui fait qu'on les refuse fait qu'elle les accepte. Il n'y a même plus d'âge qui tienne : les enfants à la mamelle sont reçus comme les filles majeures. Elle ne devrait pas le faire ; je ne devrais pas le dire ; mais je n'ai pas peur qu'on la déclare en contravention, et je le dis tout de même.

Et comme elle les aime, ces enfants qui l'appellent leur mère ! Elle * panse leur corps, elle éveille leur esprit, elle ouvre leur cœur, elle les lave de toutes les fanges, elle leur apprend qu'il y a un Dieu bon, un Dieu juste, un Dieu d'amour et de charité ; elle le leur enseigne pas ses leçons, elle le leur prouve par son exemple. Et comme elle en est fière, de cette * progéniture de son âme ! Quand on entre dans son asile, elle vous montre les dernières venues, au teint flétri, aux yeux creux, aux traits tirés. « Voilà comme je les prends, » dit-elle. Puis, désignant les joues rosées, l'œil limpide, l'air modeste des plus anciennes : « Voilà comme je les rends ! »

Vous le voyez, la maison de Mlle Ryder est à la fois un asile, un hôpital, une école, un * ouvroir et un couvent ; car elle est pieuse, ai-je besoin de le dire ? Sa piété n'est pas étroite. Aucune restriction ne borne son dévouement. Elle ne demande ni d'où l'on vient, ni ce qu'on pense, ni ce qu'on est, mais si l'on souffre.

Aussi tous admirent sa charité. L'Eglise la protège, la Préfecture la recommande. Elle les a réconciliées dans le bienfait, et ce n'est pas là, croyez-moi, le moindre miracle qu'aura opéré la vertu.

PAILLERON.

(Tiré du *Discours sur les Prix de Vertu*, prononcé à l'Académie française le 20 novembre 1884) [1]

RÉFLEXIONS. — Rien n'est plus louable que de sacrifier sa vie pour soulager la misère d'autrui. Une si noble vie mérite une reconnaissance et une gloire éternelles.

EXERCICES ORAUX OU ÉCRITS

1. — L'aumône est-elle la seule forme de la charité. Appuyez votre réponse sur le récit concernant Mlle Ryder.
2. — Les médecins, les infirmiers, et ceux qui remplissent certaines autres fonctions n'ont-ils pas, eux aussi, une vie toute de dévouement?
3. — Le dévouement ne s'exerce-t-il que dans les maisons où l'on soigne des malades ou des blessés? Citez d'autres exemples non moins remarquables de dévouement?

LEXIQUE

Prévenir....... Devancer, faire avant, informer, avertir.
Échoppe....... Petite boutique en planche.
Comestible.... Tout ce qui est propre à la nourriture de l'homme.
Panser........ Soigner, appliquer à une plaie les remèdes nécessaires.
Progéniture... Les enfants, les petits d'une même famille.

RÉCITATION

Beau trait d'humanité

Il y a près de trente ans de cela, nous avons eu une querelle avec les Russes et nous sommes allés chez eux en Crimée. Il y avait eu un combat; le soir, deux blessés se

---

(1) Paris, Calmann-Lévy, éditeur.

trouvaient étendus, côte à côte, sur le champ de bataille ; on n'avait pas eu le temps de les relever. L'un était un Français, l'autre était un Russe. Ils souffraient cruellement ; ils essayèrent de parler et, s'ils ne se comprirent pas beaucoup, ils se témoignèrent du moins de l'amitié, ce qui adoucit leurs maux.

La nuit vint ; un des deux s'endormit. Le matin, quand il se réveilla, il vit sur lui un manteau qu'il ne connaissait pas. Il chercha son voisin ; celui-ci était mort, et, au moment de mourir, il avait ôté son manteau et l'avait étendu sur son compagnon de misère.

Savez-vous quel est celui qui a fait cela ? Je le vois dans vos yeux ; vous avez envie que ce soit le Français ? Eh bien ! soyez contents : c'était le Français.

(*Bulletin du Doubs de 1884.*) E. BERSOT.

LEÇON XXVI

Programme. — DIFFÉRENCE ENTRE LE DEVOIR ET L'INTÉRÊT CARACTÈRE IMPÉRATIF ET DÉSINTÉRESSÉ DU DEVOIR

MAXIMES

1. — Hors du devoir, il n'y a ni honneur ni bonheur durables.
2. — Parlez, écrivez, agissez comme si vous aviez mille témoins.
3. — Dans la vie, nous devons aller vers ceux qui souffrent et faire pour eux, sans hésiter, les sacrifices que réclame leur misère.
4. — Honte aux égoïstes qui ne songent qu'à eux-mêmes ; honneur à l'homme désintéressé qui s'oublie pour les autres.

JEAN VIGIER

Jean Vigier, le plus jeune de quatre frères, était le fils d'une pauvre veuve, née dans l'aisance et presque dans la richesse, et que des malheurs de commerce, suivis des plus nobles sacrifices, avaient fait descendre par degrés d'une position élevée dans la misère la plus profonde. La maladie était venue se joindre encore à la misère et accroître pour elle l'impossibilité d'en sortir.

Pleins d'intérêt pour cette pauvre femme, et surtout pour son jeune fils Jean, dont les études donnaient de bonnes espérances, deux hommes de bien veillaient sur elle et sur lui : le préfet du Cantal (car ceci se passait à Aurillac) et le curé de Notre-Dame-des-Neiges. Mais ces deux honorables protecteurs, dans l'intérêt du jeune Vigier, et ne pouvant suffire à la fois à soutenir le ménage de la veuve et à faire suivre à l'enfant les études qui devaient le rendre à son tour le soutien de sa mère, se concertèrent entre eux et résolurent enfin un jour de faire entrer la pauvre femme à l'hospice. Il fallait prévenir de cette résolution le jeune Vigier qui suivait tranquillement ses études au collège, et qui se doutait à peine du * dénûment de sa mère ; le curé s'en chargea : il alla au collège le chercher, et l'enfant sortit avec lui, après s'être paré de ses habits les plus neufs comme pour une promenade et une partie de plaisir. Le curé l'amena chez lui, le fit monter dans son * oratoire, et, empêché un moment pour quelque affaire survenue d'y monter lui-même, il lui recommanda de ne pas toucher à son * bréviaire.

La première chose que fit l'enfant, ce fut de prendre le bréviaire et de l'ouvrir.

Il en tombe un papier qu'il ramasse. Que voit-il ? le nom de sa mère ! C'était le billet d'hôpital.

Frappé d'un coup si inattendu, en proie à un saisissement singulier et nouveau, que de choses se révèlent à lui dont il n'avait pas la moindre idée ! Il venait de comprendre le malheur. Il se sentit tout à coup mûr, il devint homme en ce moment. Il avait neuf ans et demi.

Il sort sans être vu de personne, va au collège reprendre ses habits de tous les jours, et revient ensuite dans l'oratoire. Le curé, qui était monté après son départ, s'aperçut bien vite que l'enfant avait cédé à la curiosité. Il s'inquiétait de son absence, et quand il le vit entrer, il ne put s'empêcher de lui dire avec douceur : « Tu as péché par curiosité, pauvre enfant, mais tu as été puni par ton péché même, et tu es allé te cacher pour pleurer.

— Non, monsieur, je n'ai pas pleuré. Je sais tout. Ma mère n'ira point à l'hôpital. Elle y mourrait de chagrin. Je ne rentrerai point au collège. Je resterai avec ma mère, je soutiendrai ma mère. »

Le curé, frappé d'une résolution si inattendue de la part d'un enfant de si jeune âge et exprimée par une énergie si remarquable et toute surnaturelle, après lui avoir fait lui-même des observations qui échouèrent devant son invincible fermeté, appela à son aide des personnes considérables d'Aurillac, amies de la famille de l'enfant, qui échouèrent à leur tour. Et quand on cherchait à lui faire comprendre qu'en suivant ses études, il pouvait être un jour bien plus utile à sa mère, il n'avait qu'une réponse : « Ma mère n'ira pas à l'hôpital, ma mère, accoutumée à un autre sort, y mourrait de chagrin. Ma mère n'a de consolation que moi ; je ne l'abandonnerai pas. Je ne rentrerai pas au collège. »

Jean fit venir chez le curé ses trois frères qui étaient ses aînés et gagnaient déjà leur vie. Il leur proposa de soutenir avec lui leur mère ; ils restèrent froids. Il leur demanda alors du moins quelques avances, il leur promit avec l'accent de la vérité qu'il les leur restituerait plus tard. Ils restèrent froids encore et puis ils dirent qu'ils ne le pouvaient pas. Jean laissa partir ses trois frères sans leur faire de reproches. Il renferma dans lui seul son espérance. Il se sentit presque fier de ne pouvoir plus compter que sur lui-même; sa résolution devint d'autant plus irrévocable. Il fit vendre ses habits neufs et sa montre d'or que le préfet lui avait donnée un jour de triomphe au collège. Il se fit porteballe, il vendit des gâteaux, des joujoux d'enfants; il gagna du pain, il donna un lit à sa mère.

En 1837, époque où l'héroïsme filial de cet enfant fut signalé, dix-neuf ans s'étaient écoulés depuis le jour où se passaient ces premières scènes touchantes, et, depuis dix-neuf ans, le sacrifice volontaire s'était accompli sans interruption. Jean Vigier n'avait pas cessé d'être le modèle du plus parfait dévouement. Il n'avait pas quitté un moment la pauvre veuve malade. C'était toujours sur son bras qu'elle s'appuyait quand elle allait par un jour de soleil glaner dans les champs. Il avait tout refusé pour ne pas s'éloigner ni d'elle, ni de sa ville natale où son sort était si loin d'être heureux et en rapport avec les besoins et les goûts de son âge. A combien d'humiliations ne s'est-il pas soumis pour en épargner une à sa mère! Plein de fierté au fond de l'âme, il a consenti, pour rester près d'elle, à servir comme commissionnaire dans une hôtellerie, c'est-à-dire dans le lieu où l'on est le plus en butte aux mépris, aux caprices, aux insolences. Lorsque, jetant un coup d'œil en arrière, il pouvait se souvenir qu'il avait été dans l'aisance, que, s'il avait suivi le cours de ses études au collège, il aurait pu reprendre dans le monde la place que la mauvaise fortune lui avait ôtée. Oh! il devait avoir besoin de penser à la cause de son sacrifice, et cette pensée le lui rendait cher et doux. Pour supporter avec constance et douceur une telle vie, alors qu'on pouvait la choisir meilleure et que chaque jour encore on pourrait s'y soustraire, quand on met sous ses pieds les mobiles des actions ordinaires, l'intérêt, la vanité, quand on résiste même aux entraînements de la jeunesse, il faut plus que la tendresse filiale, il faut plus que le devoir et l'amour, il faut toute la force et toute la puissance de la vertu.

(*Leçons et exemples de morale.*) [1]   L. DE JUSSIEU.

RÉFLEXIONS. — Celui qui se dévoue pour ses parents éprouve en son cœur la joie que procure toujours le devoir accompli. Notre intérêt le plus cher, c'est la vie de ceux à qui nous devons le jour.

EXERCICES ORAUX OU ÉCRITS

1. — Montrez, dans le récit qui précède, où est le mérite de Jean. Pourquoi ne veut-il pas quitter sa mère ?
2. — Faites voir combien est coupable l'égoïsme des frères aînés de Jean, qui, par un léger et louable sacrifice, auraient soutenu et leur frère et leur mère ?
3. — Développez cette maxime : Faites le bien parce que c'est le bien.

LEXIQUE

Dénûment.... Grande pauvreté ; état voisin de la misère.
Oratoire..... Lieu où l'on se retire pour prier, dans certaines maisons.
Bréviaire..... Livre de prières.
Invincible.... Qui ne peut être vaincu.
Porteballe.... Petit marchand ambulant.
Hôtellerie.... Hôtel, auberge.

RÉCITATION

Conseils sur le devoir

Enfants, vous allez entrer dans la vie : des mille routes qu'elle ouvre à l'activité humaine, chacun de vous en prendra une. La carrière des uns sera brillante, celle des autres obscure et cachée : la condition et la fortune de vos parents en décideront en grande partie.

Que ceux qui auront la plus modeste part n'en murmurent point. Ce qui ne dépend point de nous ne

---

(1) Paris, Delagrave, éditeur. Ouvrage recommandé.

saurait être un véritable bien ; et, du reste, la patrie vit du concours et du travail de tous ses enfants. Dans le mécanisme de la société, il n'y a point de rouage inutile. Entre le ministre qui gouverne l'Etat et l'artisan qui contribue à sa prospérité par le travail de ses mains, il n'y a qu'une différence, c'est que la fonction de l'un est plus importante que celle de l'autre ; mais, à les bien remplir, le mérite moral est le même.

Que chacun de vous, enfants, se contente donc de la part qui lui sera échue. Quelle que soit sa carrière, elle lui donnera des devoirs à remplir, du bien à faire. Ce sera sa tâche ; qu'il la remplisse avec courage et énergie, honnêtement et fidèlement, et il aura fait dans sa position tout ce qu'il est donné à l'homme de faire...

Le succès n'est pas ce qui importe ; ce qui importe c'est l'effort : c'est là ce qui élève l'homme, ce qui le rend content lui-même.

L'accomplissement du devoir, voilà, enfants, et le véritable but de la vie et le véritable bien.

(D'après JOUFFROY.)

LEÇON XXVII

Programme. — DIFFÉRENCE ENTRE LA LOI MORALE ET LA LOI ÉCRITE

MAXIMES

1. — Les lois écrites sont des règles de justice consenties par tous.
2. — Il faut se soumettre à la loi, même quand elle paraît dure et pénible.
3. — La loi morale est universelle, claire, impérative, absolue.
4. — Fais ce que dois, advienne que pourra.

LE PEUPLE DU GANGE

Autrefois, sur les bords du Gange, vivait un peuple gouverné par des rois. Les rois sont comme des autres hommes ; rarement ils se contentent du pouvoir qu'on leur a confié ou qu'ils ont usurpé ; presque toujours ils travaillent à l'étendre. Ainsi firent les rois du Gange ; mais, à force de prendre, ils finirent par lasser la patience de leurs sujets, qui les renversèrent et abolirent la royauté. Détruire est facile et même, paraît-il, agréable. Mais quand la maison est à bas, il faut se mettre à reconstruire, car on ne tarde guère à s'apercevoir que la plus incommode de toutes les maisons vaut encore mieux qu'une caverne. Ainsi le plus mauvais gouvernement est préférable à * l'anarchie. Car si un * despote fait du mal, il en empêche encore davantage. En l'absence d'un maître, chacun devient un tyran pour tous. Nos gens l'apprirent à leurs dépens. Las du pillage et du meurtre : « Faisons des lois, et vivons en paix sous ces lois, » se dirent-ils.

On se réunit donc, on délibère. Un des meilleurs, un des plus sages, un de ceux qui, pendant l'anarchie, s'étaient contentés de souffrir le mal sans le faire, demanda la parole et dit : « Voulez-vous faire des lois ? Est-ce bien nécessaire ? »

Un tel début surprit, venant d'un homme qui, plus que tout autre, avait eu à souffrir de l'absence des lois. Mais, sans se laisser émouvoir de l'étonnement qu'il causait : « Les lois, poursuivit-il, les lois existent. »

Ici, l'étonnement redoubla ; car c'était chose notoire qu'il n'y avait jamais eu d'autre loi que la volonté du prince, et que, lui mort, la loi était morte avec lui. « Les lois existent, reprit notre homme, et la preuve, c'est que plusieurs d'entre vous, et moi-même, qui vous parle, n'avons cessé d'y obéir. » Il se fit un silence général ; chacun attendait l'explication de ce qui semblait une * énigme ; l'explication ne se fit pas attendre : « Cet homme, dit l'orateur, en désignant l'un des assistants, cet homme a-t-il jamais commis un vol, un meurtre ? » Tous les regards se tournèrent vers celui que montrai l'orateur. C'était un vieillard à l'air grave et doux. « A-t-il jamais fait du mal à aucun d'entre vous ?

— Non, c'est vrai, firent les assistants.

— Ne l'avez-vous pas vu plus d'une fois secourir des pauvres, défendre les opprimés ?

— Il est vrai.

— Et ses enfants ne suivent-ils pas l'exemple de leur père ? Ne sont-ils pas, comme lui, bons et justes ?

— Nous le reconnaissons.

— Eh bien ! pensez-vous qu'en agissant ainsi, il n'ait pas obéi aux lois ? »

Les assistants se regardaient les uns les autres d'un air qui semblait dire : il pourrait bien avoir raison ; mais où veut-il en venir ?

« Si le roi, que nous avons mis à mort, lui avait commandé un crime, croyez-vous qu'il lui eût obéi ?

— Non, sans doute.

— Il n'obéissait donc au prince qu'à une condition : c'est que le prince lui-même respecterait la loi.

— Mais quelle loi, puisqu'il n'y en avait pas ?

— Il n'y en avait pas ?.. Et pourquoi donc avez-vous frappé le prince ? N'est-ce point parce qu'il vous prenait vos biens, parce qu'il attentait à vos jours ?

— Sans doute.

— C'est-à-dire parce qu'il faisait ce qu'il n'avait pas le droit de faire ?

— Assurément.

— Et parce qu'il ne faisait pas ce qu'il avait le droit de faire ?

— Oui.

— Et qu'est-ce donc qu'une loi, sinon une défense de faire certaines choses, une obligation d'en faire d'autres ? Il y avait donc une loi, puisque le prince la violait. Et si lui devait s'y soumettre, comment nous, ses sujets, pourrions-nous la méconnaître ? Elle n'est pas écrite sans doute ; mais elle n'en existe pas moins. C'est à elle que notre vénérable concitoyen obéissait sous les rois ; c'est à elle qu'il obéit encore ; c'est en son nom que vous avez détruit la tyrannie ; c'est elle encore que vous invoquez quand vous avez à vous plaindre de quelque violence. Ne la cherchez pas hors de vous ; rentrez en vous-mêmes, et vous l'y trouverez. Son nom est la justice, son siège est la conscience et son auteur est Dieu ; par elle c'est lui qui vous parle et vous commande. Si vous étiez bien résolus à lui obéir, vous n'auriez pas besoin d'autres lois. Malheureusement il est des hommes qui se bouchent les oreilles pour ne pas entendre cette voix du dedans. A ceux-là il faut une voix menaçante, qui, du dehors leur crie : « Obéis, ou je frappe, » et qui frappe en effet les rebelles. Faisons donc, si vous le voulez, des lois écrites, des lois armées, qui, par la force et la crainte, mettent un terme à l'anarchie dont nous souffrons. Mais sachez-le bien, ces lois, que vous allez faire, elles seront sans force et sans vertu si vous n'êtes décidés d'abord à respecter la loi naturelle, dont les vôtres ne sauraient être qu'une traduction plus ou moins affaiblie. »

Quand il eut fini, l'assemblée demeura quelque temps silencieuse ; on eût dit que chacun était descendu en soi-même. Après un moment de silence, on reprit la délibération. Il fut décidé qu'on ferait un code simple et court. Le vieillard au visage grave et doux fut chargé de le faire, et c'était justice, car il n'avait qu'à écrire ce qu'il s'était prescrit à lui-même.

Le peuple du Gange vécut longtemps heureux sous ces lois ; malheureusement tout passe, et ce peuple n'est plus. On a retrouvé cependant, gravé sur une table de marbre, un article de son code ; à en croire les *paléographes, cet article serait ainsi conçu : « *Obéis à la conscience, c'est la loi des lois.* »   A. VESSIOT.

RÉFLEXIONS. — Nous avons tous au dedans de nous-mêmes un tribunal secret qui juge nos actions, même les plus cachées : c'est la *conscience* ou la *loi naturelle*.

Quand il nous arrive malheureusement de la violer, nous en éprouvons sur le champ un *remords* qui ne nous laisse ni trêve ni merci avant que nous ayons réparé notre faute.

Enfants, écoutez la voix de votre *conscience*.

EXERCICES ORAUX OU ÉCRITS

1. — Quel tribunal avons-nous au dedans de nous-mêmes ? Pourquoi les criminels sont-ils parfois si tourmentés ?
2. — Développez cette maxime : Fais ce que dois, advienne que pourra.
3. — On dit « la loi est dure, mais c'est la loi. » Expliquez ce que signifie cette maxime ancienne.

LEXIQUE

Gange .... Principauté imaginaire, qui serait arrosée par le fleuve du même nom.
Anarchie ...... Désordre, confusion dans un Etat.
Despote .... Souverain qui gouverne arbitrairement.
Énigme .... Jeu d'esprit où l'on donne à deviner quelque chose.
Code .... Recueil de lois.
Paléographe .. Qui sait déchiffrer les anciens manuscrits.

RÉCITATION

La Loi

La loi, c'est la patrie elle-même ordonnant à chacun de respecter la vie, les biens, la liberté, la conscience, la croyance de chacun et de tous, au nom de la justice. Attenter à la loi, c'est frapper la patrie au cœur. Frapper la patrie en violant la loi, c'est blesser tous ceux que la patrie couvre de sa protection. Violer la loi, c'est donc un crime. Il faut respecter la loi, sauvegarde de la patrie. Aussi un véritable enfant de son pays l'aime jusqu'à obéir à ses lois, même quand elles sont injustes, parce qu'une loi, tant qu'elle est la loi, tient au cœur de la patrie.

LÉVÊQUE.

LEÇON XXVIII

Programme. — DEVOIRS ENVERS SOI-MÊME. — LE CORPS PROPRETÉ ET SOINS HYGIÉNIQUES

MAXIMES

1. — La santé est de tous les trésors le plus précieux et le plus mal gardé.
2. — Celui qui a la santé est riche sans le savoir.
3. — La santé et la bonne disposition valent mieux que tout l'or du monde.
4. — Il faut entretenir la santé du corps pour conserver celle de l'esprit.

Si vous voulez être bien portants, mes amis, soignez bien votre corps. A ce sujet, écoutez les conseils qui suivent :

DE LA CONSERVATION PERSONNELLE

Le devoir de la conservation personnelle est le premier des devoirs envers nous-mêmes. Si parfois quelques individus aux prises avec les difficultés de l'existence se donnent la mort, ils n'agissent que par désespoir ou par folie. Si la loi civile est aujourd'hui moins rigoureuse qu'autrefois, (le cadavre du suicidé était traîné dans la rue et exposé au mépris public, ses biens étaient confisqués, etc.), la loi morale n'a pas changé. Maintenant, comme autrefois, elle juge sévèrement celui qui attente à sa vie. Rien ne lui fait admettre que pour se soustraire à un devoir on se donne volontairement la mort.

Ecoutez ce que dit J.-J. Rousseau à ce sujet :

» Le suicide est une mort furtive et honteuse, c'est
» un vol fait au genre humain. Avant de le quitter,
» rends-lui ce qu'il a fait pour toi.

» — Mais je ne tiens à rien... Je suis inutile au
» monde...!
» — Philosophe d'un jour! ignores-tu que tu ne
» saurais faire un pas sur la terre sans trouver un
» devoir à remplir, et que tout homme est utile à
» l'humanité par cela seul qu'il existe?
» Jeune insensé! S'il te reste au fond du cœur le
» moindre sentiment de vertu, viens que je t'apprenne
» à aimer la vie. Chaque fois que tu seras tenté d'en
» sortir, dis en toi-même : « Que je fasse encore une
» bonne action avant de mourir... » Puis, va chercher
» quelque indigent à secourir, quelque infortuné à
» consoler, quelque opprimé à défendre. Si cette
» considération te retient aujourd'hui, elle te retiendra
» demain, après-demain, toute ta vie... »

Propreté du Corps

Une des premières conditions pour se bien porter, c'est d'être propre. La malpropreté est une des principales causes des maladies. L'expérience démontre chaque jour que les grandes épidémies se développent de préférence chez les individus malpropres, dans les maisons et les quartiers mal tenus.

La propreté a un mérite d'un caractère tout moral : elle donne une bonne opinion de celui qui la pratique, prouve un respect de soi-même, des habitudes d'ordre et facilite les relations de la vie. Au contraire, celui qui est malpropre est repoussant et hideux.

Celui qui se tient proprement se respecte dans sa tenue et dans ses actes : la propreté physique marche de pair avec la propreté morale.

Voyez cet homme qui passe. Il est sale de la tête aux pieds. Non-seulement ses mains sont * calleuses, ce qui prouverait en sa faveur, mais elles sont pleines de crasse ; ses ongles en deuil ont plusieurs millimètres de plus qu'il ne convient. Prenez une * loupe, et comparez sa peau à celle de cet enfant qui se lave chaque jour plusieurs fois. Que remarquerez-vous ?

Chez celui-ci vous verrez briller, comme des perles, de petites gouttes de sueur mélangées à des matières inutiles qui s'échappent librement du corps humain. Placez maintenant la loupe sur la main repoussante de l'homme sale. Vous n'y voyez qu'écailles nombreuses et malpropres : ce que vous trouvez vous dégoûte, et c'est tout...!

Pour que cette crasse disparaisse, il doit se laver avec du savon, une éponge ou une brosse, et, s'il le faut, avec de la * pierre ponce. Sa peau ne tardera pas à devenir capable de remplir les fonctions que la nature lui a attribuées.

Les bains fréquents agissent sur tout le corps, comme les * ablutions agissent sur les mains ou sur le visage. Il ne faut pas se mettre à l'eau immédiatement après avoir mangé ; il est bon d'attendre deux ou trois heures après le repas. De plus, il faut éviter de se baigner quand on est en sueur. Le docteur George conseille aussi « de plonger d'un seul coup le corps tout entier dans l'eau, pour que le sang ne monte pas à la tête. »

Rappelez-vous ces paroles de Stahl : « La propreté, c'est la vertu, c'est la chasteté du corps. »

Hygiène des habitations

Vous ne devez rien avoir de malpropre ni sur vous ni chez vous. Ouvrez très souvent les portes et les fenêtres de vos appartements, pour renouveler l'air et chasser l'odeur * nauséabonde qu'ils peuvent avoir, surtout s'il s'agit de vos chambres à coucher. N'accumulez pas plusieurs lits dans une chambre et rappelez-vous qu'il faut quinze mètres cubes d'air par personne et par nuit. Si vous êtes cultivateurs, placez votre fumier à une certaine distance de votre habitation, de façon à ne pas détruire votre santé, car, quoi qu'on en pense généralement, le fumier répand des * miasmes qui sont * délétères. Il est nécessaire que l'air que nous respirons à chaque minute soit pur, sinon nous serions exposés à mourir empoisonnés.

Pour le profit des jeunes ménagères, reproduisons ici les conseils contenus dans un sujet de composition d'orthographe donné au Hâvre en 1887.

« Une cuisine peut être étroite, mal distribuée, mal
» éclairée, mais sous aucun prétexte elle ne doit être
» malpropre. Il suffit souvent d'une casserole mal-
» propre pour faire manquer l'effet d'un dîner. — Je
» dirai donc à la cuisinière : que le carreau de la
» cuisine soit lavé à grande eau. La pierre à * évier,
» lavée chaque jour au savon noir et à l'eau chaude,
» sera rincée avec le plus grand soin. Les ustensiles
» servant à préparer les * mets seront nettoyés chaque
» fois qu'ils auront servi. Une bonne ménagère ne
» manquera jamais, en outre, de nettoyer sa batterie
» de cuisine au moins une fois par semaine. On
» n'oubliera pas, une fois le travail terminé, d'ouvrir
» les fenêtres toutes grandes, afin de renouveler l'air
» et d'éviter les mauvaises odeurs persistantes. Une
» cuisine bien tenue ne doit pas, lorsque les fourneaux
» sont éteints, être plus odorante qu'une salle à
» manger... »

Soins à donner aux nouveau-nés

Dans son excellent ouvrage, l'*Emile*, Rousseau donne des conseils sur les premiers soins à donner aux enfants; il s'élève surtout contre le « maillot » traditionnel qui fait de l'enfant un paquet comprimé.

Les enfants ne doivent point être trop serrés, on doit leur laisser les jambes presque libres; en faisant le contraire on pourrait gêner le développement de leur poitrine et de leurs membres. Chaque fois qu'il sera possible, on les débarrassera même très avantageusement de leurs couvertures pour les laisser s'étendre tout à l'aise.

La nourriture du nouveau-né ne doit être, pendant dix ou douze mois, que le lait de la mère, ou du lait de chèvre ou de vache étendu d'eau. C'est le vrai moyen, sinon de le rendre gras, du moins de le rendre fort et de développer ses muscles.

Bons effets de l'exercice

« Les personnes qui mènent une vie * sédentaire doivent, pour balancer les exercices du corps et ceux de l'esprit, entretenir leurs forces physiques par des exercices musculaires bien préférables à la vie * d'estaminet qui est si profondément entrée dans les mœurs de la ville, et qui menace même d'envahir les campagnes » (Dr George. — *Leçons d'hygiène*).

Les distractions qui peuvent être avantageuses et salutaires sont : les promenades au grand air, les marches, les jeux, la danse, le tir, et surtout les exercices gymnastiques.

« Par la gymnastique, dit un auteur, l'enfant se prépare dès maintenant à être un bon soldat, robuste, leste, adroit ; par elle, il exerce ses membres et les fortifie. Il n'est point nécessaire qu'il exécute des tours de force, mais qu'il saute, qu'il coure avec ses camarades et qu'il essaye de courir plus vite qu'eux, qu'il sache nager, grimper aux arbres ; en un mot qu'il apprenne à n'avoir peur de rien et qu'il puisse toujours, au moment du danger, compter sur ses jambes et sur ses bras pour se tirer d'affaire honorablement. »

On a reproché, peut-être avec raison, aux Français de s'être laissés battre en 1870-1871 par les Prussiens, parce qu'ils ne se livraient plus comme autrefois aux nombreux exercices qui font de l'enfant un homme robuste d'abord et un vaillant soldat ensuite. Pendant que nous tombions dans la mollesse, nos ennemis multipliaient les *gymnases, créaient et encourageaient de nombreuses sociétés de tir et de gymnastique.

Notre devoir, à nous Français, est de faire comme eux, si nous voulons rendre à notre patrie sa force d'autrefois.

RÉFLEXIONS. — La *propreté* exige que vous laviez fréquemment tout votre corps. La *sobriété* prolonge toujours la vie de celui qui la pratique. La *tempérance* préserve l'homme des défauts humiliants de la gourmandise et de l'ivrognerie.

Exercez votre corps par la *marche* et la *gymnastique* et vous deviendrez plus vigoureux et plus forts.

EXERCICES ORAUX OU ÉCRITS

1. — Sommes-nous obligés de soigner notre corps? Y a-t-il avantage à être propres ?
2. — Comment appelle-t-on les vices opposés à la tempérance et à la sobriété. Développez votre récit.
3. — Que pensez-vous de la gymnastique et de la marche? Pourquoi ces exercices sont-ils recommandés ?

LEXIQUE

Furtive........ Qui se fait à la dérobée, en cachette.
Calleuse....... Où il y a des cals, c'est-à-dire des durillons.
Loupe.......... Verre convexe qui grossit les objets.
Ablutions...... Action de laver le corps ou une partie du corps.
Nauséabonde.. Qui provoque des vomissements.
Miasme........ Émanation morbide
Délétère....... Qui est contraire à la santé, à l'hygiène.
Évier.......... Table de pierre où l'on lave la vaisselle.
Mets........... Aliment apprêté pour être servi aux repas.
Estaminet..... Café où il est permis de fumer.
Sédentaire.... Qui sort peu.
Gymnase...... Établissement où l'on enseigne la gymnastique.

RÉCITATION

Le bon Élève

A l'école, j'avais un camarade, qui fut pour moi, dès mon enfance, un objet d'émulation. Son air sage et posé, son application à l'étude, *le soin* qu'il prenait de ses livres, où je n'apercevais *jamais de tache*, ses blonds cheveux, toujours si *bien peignés*, son habit *toujours propre* dans sa *simplicité*, son linge *toujours blanc*, tout était pour moi un exemple sensible, et il est rare qu'un enfant inspire à un enfant l'estime que j'avais pour lui.

Vingt ans après, nous nous sommes retrouvés à Paris, sur des routes bien différentes ; mais je lui ai reconnu le même caractère de sagesse et de bienséance qu'il avait à l'école.

MARMONTEL.

LEÇON XXIX

Programme. — LES BIENS EXTÉRIEURS

MAXIMES

1. — La paresse va si lentement que la pauvreté l'atteint bientôt.
2. — Il n'y a point de sot métier, il n'y a que de sottes gens.
3. — Sans l'économie, il n'y a point de richesse assez grande ; avec elle, il n'y en a pas de trop petite.
4. — Allez vous coucher sans manger plutôt que de vous lever avec des dettes.

Le capital formé lentement par le travail est un instrument de salut, de moralité et d'indépendance.

DIX MILLE LIVRES DE RENTE

Quand j'avais dix-huit ans, j'allais, durant la belle saison, passer la journée du dimanche à Versailles, ville qu'habitait ma mère. En sortant des barrières, j'étais toujours sûr de trouver un grand pauvre qui criait d'une voix * glapissante : La charité, s'il vous plaît, mon bon monsieur! De son côté, il était bien sûr d'entendre résonner dans son chapeau une grosse pièce de deux sous. Un jour que je payais mon * tribut à Antoine (c'était le nom de mon * pensionnaire) il vint à passer un petit monsieur * poudré, sec, vif, et à qui Antoine adressa son * memento criard : La charité, s'il vous plaît, mon bon monsieur! Le passant s'arrêta, et, après avoir considéré quelques moments le pauvre : « Vous me paraissez, lui dit-il, intelligent et propre à travailler ; pourquoi faire un si vil métier? Je veux vous tirer de cette triste situation et vous donner dix mille livres de rente. »

Antoine se mit à rire et moi aussi. « Riez tant que vous voudrez, reprit le monsieur poudré, mais suivez mes conseils, et vous acquerrez ce que je vous promets. Je puis d'ailleurs vous prêcher d'exemple : j'ai été aussi pauvre que vous, mais au lieu de mendier je me suis fait une hotte avec un mauvais panier, et je suis allé dans les villages et dans les villes de province demander, non pas des aumônes, mais de vieux chiffons qu'on me donnait * gratis et que je revendais ensuite un bon prix aux fabricants de papier.

» Au bout d'un an, je ne demandais plus pour rien les chiffons, mais je les achetais, et j'avais en outre une charrette et un âne pour faire mon petit commerce. Cinq ans après, je possédais trente mille francs, et j'épousais la fille d'un fabricant de papier qui m'associait à sa maison de commerce, peu * achalandée, il faut le dire; mais j'étais jeune encore, j'étais actif, je savais travailler et m'imposer des privations. A l'heure qu'il est, je possède deux maisons à Paris, et j'ai cédé ma fabrique de papier à mon fils, à qui j'ai enseigné de bonne heure le goût du travail et le besoin de la persévérance. Faites comme moi, l'ami, et vous deviendrez riche comme moi. » Là-dessus le vieux monsieur s'en alla, laissant Antoine tellement préoccupé que deux dames passèrent sans entendre l'appel criard du mendiant : « La charité, s'il vous plaît ! » En 1815, pendant mon exil à Bruxelles, j'entrai un jour chez un libraire pour y faire emplette de quelques livres. Un gros et grand monsieur se promenait dans le magasin et donnait des ordres à cinq ou six commis. Nous nous regardâmes l'un l'autre comme des gens qui, sans se reconnaître, se rappelaient cependant qu'ils s'étaient vus autrefois quelque part. « Monsieur, me dit à la fin le libraire, il y a vingt-cinq ans, n'alliez-vous pas à Versailles le dimanche? — Quoi! Antoine, c'est vous? m'écriai-je. — Monsieur, vous le voyez, le vieux monsieur poudré avait raison; il m'a donné dix mille livres de rente. »

ARNAULD.

Réflexions. — « Si quelqu'un vient vous dire qu'il est d'autres moyens de faire fortune que par le travail et l'économie, chassez-le : c'est un imposteur. » Franklin.

EXERCICES ORAUX OU ÉCRITS

1. — Développez cette pensée : la paresse va si lentement que la pauvreté l'atteint bientôt.
2. — Où conduisent l'ordre et l'économie? Citez un exemple à l'appui.
3. — Que pensez-vous de ce proverbe : On recueille ce qu'on a semé. Faites-en ici l'application.

LEXIQUE

Glapissante....	Qui crie, se dit surtout du cri des renards et des chiens.
Tribut.........	Impôt, somme que l'on accorde à quelqu'un.
Pensionnaire..	Celui qui reçoit une pension ou une rente.
Poudré........	Couvert d'une couche d'amidon.
Memento.......	Marque destinée à rappeler quelque souvenir.
Gratis.........	Sans rien payer.
Achalandé.....	Qui reçoit beaucoup de chalands ou d'acheteurs.
Exil...........	Séjour forcé hors de sa patrie.
Libraire.......	Celui qui vend des livres.
Imposteur.....	Celui qui cherche à tromper; fourbe, menteur.

RÉCITATION

Le Laboureur et ses Enfants

Travaillez, prenez de la peine,
C'est le fonds qui manque le moins.

Un riche laboureur, sentant sa mort prochaine,
Fit venir ses enfants, leur parla sans témoins :
« Gardez-vous, leur dit-il, de vendre l'héritage
    Que vous ont laissé vos parents :
    Un trésor est caché dedans.
Je ne sais pas l'endroit ; mais un peu de courage
Vous le fera trouver ; vous en viendrez à bout.
Remuez votre champ dès qu'on aura fait l'août ;
Creusez, fouillez, bêchez, ne laissez nulle place
    Où la main ne passe et repasse. »
Le père mort, les fils vous retournent le champ,
Deçà, delà, partout ; si bien qu'au bout de l'an
    Il en rapporta davantage.
D'argent, point de caché ! Mais le père fut sage
    De leur montrer, avant sa mort,
    Que le travail est un trésor.

LA FONTAINE.

LEÇON XXX

Programme. — SOBRIÉTÉ ; TEMPÉRANCE. —
DANGERS DE L'IVRESSE

MAXIMES

1. — Si tu veux un remède contre l'ivrognerie regarde un ivrogne.
2. — Les ivrognes sont un fléau pour leur pays, pour leur famille, et pour tous ceux qui les entourent.
3. — La sobriété est la mère de la santé.
4. — La sobriété et la tempérance nous donnent des habitudes d'ordre, de travail, d'économie, qui nous procurent aisance et contentement.

Il n'y a pas de spectacle plus repoussant que celui d'un ivrogne. Le pourceau qui se vautre à plaisir dans la fange n'est pas plus bestial que lui. C'est une masse inerte d'où s'en est allée l'intelligence humaine.

DANGERS DE L'IVRESSE ET DU TABAC

Voyez le buveur attablé au cabaret ! Il porte encore le tablier de travail, qui n'est plus qu'une tenue menteuse ; les traits enluminés par l'ivresse, les yeux flottants, la langue épaisse, il enveloppe le verre d'une main avide et porte à tous son *toast brutal.

Il a le nez bourgeonnant et fortement coloré en rouge, il est en proie au *delirium tremens*, et ses membres tremblent comme ceux d'un *nonagénaire. Pourquoi ces *symptômes inquiétants ? c'est parce que le malheureux a fait abus des liqueurs alcooliques.

Mais sera-t-il seul à subir le juste châtiment de ses débauches ? Hélas ! sa famille pendant ce temps manque de pain. L'aîné de ses enfants est idiot ; le second a une intelligence bornée et semble d'une assez faible constitution ; le troisième est épileptique !

Voilà le triste tableau que nous avons eu la douleur de rencontrer dans un de nos voyages. Puisse ce récit, parfaitement *authentique, vous préserver des terribles dangers que vous courriez, vous et votre famille, si vous preniez jamais la mauvaise habitude de boire avec excès des liqueurs alcooliques.

Le tabac pris avec modération ne peut pas nuire beaucoup à la santé ; mais son abus peut exercer sur elle une influence funeste.

« Il est aujourd'hui reconnu que les maladies mentales, les paralysies générales, les affections cancéreuses des lèvres, de la bouche et de l'estomac, les troubles de la vision etc., augmentent dans des proportions qui coïncident avec la consommation du tabac.

Il est également prouvé que l'abus du tabac contribue au relâchement des liens de la famille et porte atteinte aux intérêts moraux de la société. » (*Association française contre l'abus du tabac.*)

On rapporte qu'un jour un fumeur invétéré se présenta au bureau de poste de sa localité pour y réclamer une lettre qu'il s'imaginait recevoir. Comme on lui demandait à qui elle était destinée, il ne sut que balbutier : il avait oublié jusqu'à son nom, et avait perdu complètement ses facultés mentales.

Voltaire raconte que Charles XII avait un jour, dans l'ivresse, perdu le respect qu'il devait à la reine, son aïeule. Elle se retira pénétrée de douleur dans son appartement. Le lendemain, comme elle ne paraissait pas, le roi en demanda la cause, car il avait tout oublié. On la lui dit. Il alla trouver la princesse : « Madame, lui dit-il, je viens d'apprendre qu'hier je me suis oublié à votre égard. Je viens vous en demander pardon. Et afin de ne plus tomber dans cette faute, je vous déclare que j'ai bu du vin hier pour la dernière fois de ma vie. » Et il tint parole. Il ne but plus que de l'eau, ce qui ne l'empêcha pas d'être d'un tempérament très robuste.

L'ivresse expose aux plus grands dangers. Voici un fait qui nous est raconté par un témoin :

Deux ouvriers de fabrique s'étaient liés d'une amitié si étroite qu'ils ne se quittaient guère : quand on rencontrait Jean, on était sûr que Paul n'était pas loin. Leurs familles avaient aussi des relations tout à fait intimes.

Cependant, un jour que Jean et Paul s'étaient rendus au café, ils y burent un peu plus que de raison. A propos d'une parole équivoque, Jean se fâcha contre Paul, ce qui amena un incident fâcheux, comme vous allez le voir. Les deux hommes en vinrent aux mains. Les consommateurs présents avaient réussi à les séparer lorsque, sans qu'on s'y attende, Jean saisit une bouteille vide et en asséna un coup si violent sur la tête de Paul que la bouteille se brisa en lui faisant une profonde blessure. Paul tomba sans connaissance : le sang coulait abondamment de la blessure. On arrêta aussitôt le meurtrier, et on s'empressa de secourir la malheureuse victime, qui ne tarda pas à expirer, malgré les soins intelligents qui lui furent prodigués.

Qui fut au désespoir? Je n'ai pas besoin de le dire. Les deux ménages, naguère si unis, étaient maintenant terrifiés ou déshonorés. Et cependant aucune raison sérieuse n'avait amené cette bataille. C'étaient les funestes effets du vin qui avaient rompu pour toujours des amitiés si vivaces...

Le malheureux Jean n'eut conscience de son crime que le lendemain. Combien il se repentait d'avoir donné la mort à son meilleur ami!

La police fut immédiatement avertie de ce drame. La gendarmerie emmena au violon le malheureux Jean, qui vient d'être condamné à cinq ans de travaux forcés par la cour d'assises du département.

Pendant ce temps que va devenir sa famille? Qui va donner du pain à sa femme, à ses quatre enfants, à la veuve de son ami et à ses cinq orphelins?

Ah! combien il se repent d'avoir fréquenté les cabarets! Combien il déplore son crime! Souvent il se dit au milieu des sanglots les plus amers : « Je suis un grand coupable, j'ai tué mon meilleur ami, celui que je regardais comme un frère. Désormais je me dois à sa famille comme à la mienne. Plus jamais je ne goûterai aux boissons alcooliques. »

RÉFLEXIONS. — L'ivrognerie rabaisse l'homme au-dessous de l'animal. Celui qui boit avec excès meurt de bonne heure victime de sa débauche; ses enfants sont également atteints de maladies devenues héréditaires par sa faute.

Le cabaret, mes enfants, c'est le chemin de la misère et souvent du crime.

EXERCICES ORAUX OU ÉCRITS

1. — A quoi s'expose celui qui fréquente assidûment le cabaret ?
2. — La cour d'assises a souvent à juger des ivrognes. Où conduit la funeste passion de l'ivrognerie ?
3. — Montrez que l'ivrogne est un égoïste qui dépense seul tout ce qui doit être dépensé en famille. Faites voir aussi que la santé et l'éducation des enfants ne peuvent que gagner à cette vie de famille.

LEXIQUE

Fange .... Boue.
Se vautrer ..... Se rouler dans la boue.
Bestial .... Qui tient de la bête.
Épileptique .... Sujet à des affections nerveuses dans lesquelles le malade tombe sans connaissance.
Incident .... Ce qui survient dans le cours d'une affaire.
Assener .... Porter un coup avec violence.
Meurtrier ...... Celui qui fait mourir quelqu'un avec violence.
Drame .... Événement terrible.
Violon .... Espèce de prison attenant à un corps de garde.
Authentique ... Vrai, véritable.
Balbutier ...... Parler sans se faire comprendre.
Toast .... Proposition de boire à la santé de quelqu'un.
Delirium tremens .... Délire avec agitation et tremblement des membres particuliers aux victimes de l'alcool.
Nonagénaire .. Qui a nonante ans.
Symptôme ..... Signe indiquant une chose qui va venir.

RÉCITATION

Règles d'Hygiène

Mange et bois exactement la quantité d'aliments nécessaires à ta subsistance en raison des services de ton esprit.

Évite les excès en toute chose.

La jeunesse, la vieillesse et la maladie exigent des quantités d'éléments différents. Il en est de même pour les diverses constitutions.

La quantité de nourriture doit être, autant que possible, proportionnée à la qualité et aux conditions de l'estomac pour que celui-ci la digère.

Si cette quantité est raisonnable, l'estomac peut parfaitement se l'assimiler et elle suffit pour nourrir le corps.

La difficulté est de trouver la mesure; mais tu dois manger par nécessité et non par plaisir. Car la gourmandise ne sait pas où le besoin finit.

Veux-tu jouir d'une longue vie, d'un corps sain et d'un esprit vigoureux? travaille d'abord à soumettre tes appétits à ta raison.

FRANKLIN.

LEÇON XXXI

Programme. — GYMNASTIQUE, EXERCICES MILITAIRES JEUX DE FORCE ET D'ADRESSE AU GRAND AIR, TRAVAIL MANUEL

MAXIMES

1. — Ce n'est pas assez de raidir l'âme ; il faut aussi raidir les muscles. L'accoutumance à porter le travail est accoutumance à porter la douleur.
2. — L'exercice est une des meilleures provisions de santé.
3. — La gymnastique développe le corps, entretient la santé et forme des citoyens utiles à la patrie.
4. — Il faut entretenir la vigueur du corps pour conserver celle de l'esprit.
5. — Depuis que les femmes oublient pour le thé, le rouet et le tricot ; depuis que les hommes laissent pour le punch, la scie ou le rabot, les fortunes se dissipent à mesure qu'elles se créent.

Les exercices du corps, la marche, le jeu, la course, qui développent les membres, dilatent la poitrine, assouplissent les muscles, endurcissent à la fatigue et prémunissent le corps contre les maladies, préparent aussi à la patrie des soldats agiles et robustes.

LE CZAR PIERRE Ier

Pour * civiliser la Russie, alors barbare, le czar Pierre Ier entreprit des travaux * inouïs. Il quitta son empire, alla passer deux ans en Hollande pour y apprendre les arts utiles, et surtout la construction des vaisseaux, afin de se mettre en état de créer plus tard par lui-même une marine. Vêtu en ouvrier, il alla s'établir dans le fameux village de * Sardam. Là, il admira un spectacle nouveau pour lui : cette multitude d'hommes toujours occupés ; l'ordre, l'exactitude des travaux, la * célérité prodigieuse à construire un vaisseau et à le munir de ses * agrès, et cette quantité incroyable de magasins et de machines qui rendent le travail plus facile, plus sûr.

Le czar se mit à manier la hache et le compas ; il se fit inscrire sur le rôle des ouvriers charpentiers sous le nom de Pierre Mikhaïlov. Il commença par acheter une barque, à laquelle il fit un * mât de ses propres mains ; ensuite il travailla à toutes les parties de la construction d'un vaisseau, menant la même vie que les ouvriers de Sardam, s'habillant, se nourrissant comme eux, travaillant dans les forges, dans les corderies, dans les moulins, dont la quantité prodigieuse borde le village, dans lesquels on scie le sapin et le chêne, on fait l'huile, on fabrique le papier, on file les métaux * ductiles.

Les ouvriers, d'abord * interdits d'avoir un souverain pour compagnon, vécurent ensuite familièrement avec lui. Il acheva de ses mains un vaisseau de soixante pièces de canon, et le fit partir pour * Archangel ; il engagea pour la Russie un grand nombre d'ouvriers de toutes sortes, mais il ne voulait que de ceux qu'il avait vus travailler lui-même. Il continua ainsi pendant deux ans ses travaux de constructeur de vaisseaux, d'ingénieur et de physicien pratique. On montre encore aujourd'hui à Sardam la maisonnette qu'il occupait et qu'on appelle la *Maison du Prince.*

De retour dans son vaste empire, il se plaisait à visiter les ateliers et les manufactures, afin d'encourager l'industrie qu'il avait créée. On le voyait souvent dans les forges d'Istia, à quelque distance de Moscou : le czar y passa un mois entier. Après s'être occupé des affaires de l'État, son amusement était de tout examiner avec l'attention la plus minutieuse ; il voulut même apprendre le métier de forgeron. Il eut bientôt réussi ; et, quelques jours avant son départ, il forgea quelques barres de fer et y grava sa marque ; puis, il se fit payer ce travail par le maître de forges, à sa juste valeur, et employa cet argent à acheter des souliers. Il se plaisait à les porter et à dire : « Voilà des souliers que j'ai gagnés à la sueur de mon front. »

BARRAU.[1]

RÉFLEXIONS. — Les exercices du corps sont une récréation utile plutôt qu'un travail. Quelle que soit votre position sociale, mais surtout si vous menez une vie sédentaire, donnez-vous chaque jour quelques moments d'exercice ou de travail manuel : ce sera un moyen sûr d'entretenir votre santé.

EXERCICES ORAUX OU ÉCRITS

1. Quel enseignement pouvez-vous tirer de l'exemple de travail donné par le czar Pierre Ier.
2. — Pourquoi, à l'école, vous fait-on faire des exercices militaires et du travail manuel ?
3. — Que répondriez-vous à quelqu'un qui trouverait ces exercices ridicules ?

---

(1) Paris, Hachette, éditeur. Ouvrage cité.

LEXIQUE

Civiliser....... Rendre sociable, adoucir les mœurs.
Inouï.......... Tel qu'on n'a jamais rien vu de pareil.
Hollande.. ... Royaume d'Europe : villes principales La Haye et Amsterdam.
Sardam........ Village de Hollande remarquable par sa situation agréable et son élégance.
Célérité ...... Vitesse ; accélération.
Agrès.......... Tout ce qui constitue la mâture et l'équipement d'un vaisseau.
Mât........... Longue pièce de bois qui sert à supporter la voilure d'un navire.
Ductile........ Qui peut être battu, allongé sans se rompre.
Archangel..... Port de la Russie sur la mer Blanche.
Moscou........ Ancienne capitale de Russie incendiée sous Napoléon Ier.
Interdit........ Frappé d'étonnement.

RÉCITATION

L'Exercice au village

... Il faudrait, dimanches et fêtes, par tous les villages, s'exercer au tir, au maniement des armes, penser aux puissances étrangères qui pensent à nous tous les jours. Ainsi font les Suisses, nos voisins, et ainsi devons-nous faire pour être gens à nous défendre en cas de noise avec les forts. Car de se fier au ciel et à notre innocence, il vaut bien mieux apprendre la charge en douze temps et savoir au besoin ajuster un Cosaque. Je l'ai dit et le redis : labourer, semer à temps, être aux champs dès le matin, ce n'est pas tout, il faut ramasser la récolte. Aligne tes plants, mon ami, tu provigneras l'an qui vient et quelque jour... tu feras du bon vin, mais qui le boira ? Rostopchin, si tu ne te tiens pas prêt à le lui disputer. Vous, messieurs, songez-y pendant qu'il est temps : avisez entre vous s'il ne conviendrait pas, vu les circonstances présentes ou imminentes, de vaquer le saint jour du dimanche, sans préjudice de la messe, à des exercices qu'approuve le Dieu des armées, tels que le pas de charge et les feux de bataillon.

Ainsi pourrons-nous employer, avec très grand profit pour l'État et pour nous, beaucoup de moments perdus...

P.-L. COURIER.

LEÇON XXXII

Programme. — VÉRACITÉ ET SINCÉRITÉ. — MENSONGE

MAXIMES

1. — Il ne faut pas toujours dire ce qu'on pense ; il faut toujours penser ce que l'on dit.
2. — On ne croit plus le menteur, même quand il dit la vérité.
3. — La parole donnée doit être un serment inviolable.
4. — Manquer à sa parole, c'est commettre un forfait.
5. — Le mensonge est une lâcheté : on ment le plus souvent pour échapper à un châtiment qu'on mérite.

Vous savez que rien ne plaît tant chez un enfant que l'amour de la vérité. Ecoutez cette histoire non moins touchante que celle de Georges Washington au sujet de l'oranger qu'il avait mutilé :

UN ENFANT MARTYR DE LA VÉRITÉ

Un charmant petit garçon, à la blonde chevelure et aux yeux bleus, avait été recueilli à * l'hospice des * orphelins de Milwankie, ville des Etats-Unis d'Amérique.

Un fermier du voisinage, qui n'avait pas d'enfant, enchanté de l'air ouvert, de la * physionomie aimable, de l'excellente humeur du jeune Edouard, le retira de l'hospice pour * l'adopter et l'élever comme son propre fils avec une petite fille du même âge.

L'enfant atteignait sa neuvième année ; il s'était fait aimer de tous les habitants de la ferme par ses heureuses qualités et son bon caractère, lorsqu'un jour il vit la fermière qui, croyant n'être pas aperçue, enlevait quelques objets appartenant à un voisin. Il en parla à sa jeune compagne, qui le répéta devant le fermier et sa femme ; celle-ci repoussa l'accusation de toutes ses forces et montra une telle indignation que son mari demeura convaincu que le récit de l'enfant était un odieux mensonge. Dans son ressentiment, cette femme demanda que le petit Édouard fût rigoureusement puni, et fit promettre à son mari qu'il le fouetterait jusqu'à ce qu'il eût * rétracté ce qu'il avait osé dire.

Le fermier s'arma d'un fouet, attacha l'enfant avec une corde à une poutre de la maison et le battit pendant une heure entière, malgré ses gémissements et ses cris.

Il s'arrêta enfin, et demanda à Édouard s'il persistait à soutenir ce qu'il avait déclaré : — Papa, répondit l'enfant à travers ses sanglots, j'ai dit la vérité ; je ne me rétracterai pas pour faire un mensonge.

— Eh bien ! recommence, s'écria la fermière furieuse ; il faudra bien qu'il cède à la fin. Le mari hésitait ; mais vaincu par les reproches de sa femme il reprit son fouet. Les coups redoublèrent et l'enfant disait toujours : — « Je ne veux pas offenser Dieu par un mensonge. » Enfin, le pauvre petit s'affaissa presque inanimé. Le * bourreau, ému à ce spectacle, s'empressa de le détacher ; mais il était trop tard, et il mourut quelques jours après des suites de ses blessures.

La justice ne tarda point à se saisir de cette affaire. Le fermier et sa femme allèrent expier par dix ans de prison leur abominable barbarie ; il fut prouvé, d'une manière éclatante, que l'enfant avait dit vrai, et qu'il était mort martyr de son respect pour la vérité.

O mes enfants ! si vous êtes parfois tentés de mentir,

comme cela arrive très souvent pour éviter une punition méritée, souvenez-vous du petit héros qui a mieux aimé subir un injuste supplice que de souiller sa conscience d'un mensonge.

(*Récits moraux.*) [1] RENDU.

RÉFLEXIONS. — Celui qui ment pour cacher ou excuser une faute commet une très mauvaise action. — Soyez sincères, mes amis, et ne dites jamais, quoi qu'il vous en coûte, que la plus exacte vérité.

EXERCICES ORAUX OU ÉCRITS

1. — Le mensonge est une lâcheté, dit-on, pourquoi ?
2. — Quels sentiments vous inspire la conduite du fermier, de la fermière et de l'enfant ?
3. — Dans la vie, vous avez des rapports avec d'autres hommes ; qu'arrivera-t-il si vous êtes convaincu de ne pas leur avoir dit, ne serait-ce qu'une seule fois, toute la vérité ?

LEXIQUE

Martyr.......... Qui souffre la mort pour affirmer une vérité.
Hospice......... Établissement de charité où l'on recueille des gens dans le besoin.
Orphelin........ Enfant qui a perdu son père ou sa mère ou l'un d'eux.
Physionomie... L'air, les traits du visage.
Adopter......... Prendre légalement pour fils ou pour fille.
Rétracter....... Retirer une parole qu'on a dite.
Bourreau....... Signifie, en ce cas, un homme cruel, inhumain.
Supplice........ Punition corporelle ; quelquefois la mort.

RÉCITATION

Le Menteur

Guillot criait : Au loup ! un jour, par passe-temps.
  Un tel cri mit l'alarme aux champs.
   Tous les bergers du voisinage
Coururent au secours. Guillot se moqua d'eux.
   Ils s'en retournèrent honteux
Pestant contre Guillot et son vain badinage,

---

(1) Paris, Fourault, éditeur. Ouvrage recommandé.

Mais rira bien qui rira le dernier.
Deux jours après un loup avide de carnage,
　　Un véritable loup-cervier,
Malgré notre berger et son chien, faisait rage
　　Et se ruait sur le troupeau.
Au loup ! s'écria-t-il, au loup ! Tout le hameau
Rit à son tour. A d'autres, je vous prie,
Répondit-on, l'on ne nous y prend plus.
Guillot le goguenard fit des cris superflus ;
　　On crut que c'était fourberie ;
Et le loup désola toute la bergerie.

Il est dangereux de mentir
Même en riant et pour se divertir.

RICHER

LEÇON XXXIII

Programme. — DIGNITÉ PERSONNELLE, RESPECT DE SOI-MÊME

MAXIMES

1. — Agis toujours comme si ton père ou ton maître te regardait.
2. — Honneur passe richesse.
3. — La douleur te vaincra si tu faiblis ; et c'est toi qui la vaincras si tu as le cœur ferme.
4. — Honneur et probité, voilà la vraie noblesse.
5. — Celui qui perd le respect de lui-même ne respectera bientôt plus rien au monde.

LE BARON PIERRE DAUMESNIL

Le baron Pierre Daumesnil naquit à Périgueux le 14 juillet 1777. Il servit comme simple soldat en Italie et en Egypte, où il donna à Bonaparte une preuve touchante de dévouement en se précipitant devant lui pour le garantir d'une bombe qui venait de tomber à ses pieds et qui éclata sans atteindre personne. Pour ce beau fait, il fut surnommé *le brave*. Il passa ensuite dans le régiment des guides, où il continua à se signaler par des traits de la plus grande bravoure. En 1806, il devint capitaine des chasseurs de la garde impériale et, en 1808, fit la campagne d'Espagne comme chef d'escadron dans la même arme.

Il parut à * Wagram en 1809 avec le grade de major de la garde et eut la jambe emportée par un boulet dans cette célèbre journée.

Le brevet de général de brigade lui fut accordé en 1812, et deux mois après Napoléon lui donna pour retraite le commandement du château de * Vincennes, avec le titre de commandant de la Légion d'honneur. On sait avec quelle intrépidité il défendit ce poste en 1814. L'ennemi, qui occupait depuis plusieurs semaines notre capitale et voulait aussi s'emparer de Vincennes, ne reçut de Daumesnil pour toute réponse à ses sommations que ces mots : « Je vous rendrai ma place quand vous m'aurez rendu ma jambe. » Comme l'envoyé lui disait qu'il voulait le faire sauter avec le fort, Daumesnil répliqua : « Si vous voulez, je commencerai tout de suite et nous sauterons ensemble. »

Le fort ne put être pris.

Sous la première Restauration, il reçut le commandement du château de Condé et fut décoré de la croix de Saint-Louis.

Lors du retour de Napoléon de l'île d'Elbe, il arbora sur cette citadelle le drapeau tricolore et fut rappelé au commandement de Vincennes. C'est là qu'il refusa, en 1815, un million qu'on lui offrait pour livrer la place aux ennemis qui avaient de nouveau envahi la France. On le savait pauvre et on avait essayé de le * corrompre en lui offrant par lettre une somme considérable pour rendre cette forteresse.

Il ne se laissa point tenter et garda la lettre, pour la laisser en * dot à ses enfants. Il ne voulut ni se rendre ni se vendre.

En septembre 1815, il fut mis à la retraite et resta sans emploi jusqu'à l'époque de la Révolution de 1830.

On lui rendit alors son poste.

Mais Daumesnil n'en profita pas longtemps. Il mourut le 17 août 1832, laissant à sa veuve sa gloire pour tout héritage. Le gouvernement avait demandé pour elle une pension que la Chambre des Députés refusa d'accorder.

(D'après PÉRENNÈS.)

RÉFLEXIONS. — « La dignité personnelle consiste à ne réclamer aucune faveur, à savoir se donner de la peine, à souffrir même, s'il le faut, sans se plaindre. » (Mézières.) — Votre dignité, enfants, exige que rien dans votre langage ne soit irrespectueux, que votre tenue soit décente et que la modestie préside à toutes vos actions.

EXERCICES ORAUX OU ÉCRITS

1. — Racontez la conduite de Daumesnil et dites en quoi elle était digne.
2. — Un enfant doit-il déjà respecter sa dignité ? Que doit-il faire pour cela ?
3. — Montrez comment la dignité personnelle est une conséquence de la liberté et de la responsabilité humaine ?

LEXIQUE

Périgueux..... Chef-lieu du département de la Dordogne.
Wagram........ Village d'Autriche, célèbre par la victoire qu'y remporta Napoléon 1er en 1809.
Députer........ Envoyer un chargé d'affaires.
Corrompre..... Gâter, dépraver, troubler.
Dot............ Bien qu'une femme apporte en mariage.
Vincennes..... Chef-lieu de canton de la Seine, 18,213 habitants, château fort bâti par Philippe-Auguste, a aujourd'hui une école d'administration militaire.

RÉCITATION

Le Geai paré des plumes du Paon

Un paon muait : un geai prit son plumage ;
    Puis après se l'accommoda ;
Puis, parmi d'autres paons, tout fier, se panada,
    Croyant être un beau personnage.
Quelqu'un le reconnut : il se vit bafoué
    Berné, sifflé, moqué, joué,
Et, par messieurs les paons, plumé d'étrange sorte :
Même vers ses pareils s'étant réfugié,
    Il fut, par eux, mis à la porte.

Il est assez de geais à deux pieds comme lui
Qui se parent souvent des dépouilles d'autrui,
    Et que l'on nomme plagiaires.
Je m'en tais, et ne veux leur causer nul ennui :
    Ce ne sont pas là mes affaires.

                LA FONTAINE.

LEÇON XXXIV

Programme. — MODESTIE. — NE POINT S'AVEUGLER SUR SES DÉFAUTS. — ORGUEIL, VANITÉ, COQUETTERIE, FRIVOLITÉ

MAXIMES

1. — Voulez-vous qu'on dise du bien de vous, n'en dites pas vous-mêmes.
2. — Aimez qui vous conseille et non pas qui vous loue.
3. — L'homme modeste sait quelquefois ce qu'il vaut ; mais il connaît surtout ce qui lui manque.
4. — La modestie ajoute au mérite et fait pardonner la médiocrité.

Vous avez tous lu, mes amis, la charmante fable de La Fontaine, intitulée : « le Corbeau et le Renard. » Voici une histoire qui vous mettra aussi en garde, contre les dangers auxquels on est exposé par la flatterie.

LA PRÉSOMPTION DE LA JEUNESSE

GIL-BLAS A L'AUBERGE DE PEGNAFLOR

Je demandai à souper dès que je fus dans l'hôtellerie. C'était jour maigre : on * m'accommoda des œufs. Lorsque l'omelette qu'on me faisait fut en état de m'être servie, je m'assis tout seul à une table. Je n'avais pas encore mangé le premier morceau que l'hôte entra, suivi de l'homme qui l'avait arrêté dans la rue. Le cavalier portait une grande * rapière et pouvait bien avoir trente ans. Il s'approcha de moi d'un air empressé : « Seigneur écolier, me dit-il, je viens d'apprendre que vous êtes le seigneur Gil-Blas de * Santillane, l'ornement * d'Oviedo et le flambeau de la philosophie ; est-il possible que vous soyez ce * savantissime, ce bel esprit, dont la réputation est si grande en ce pays-ci ? Vous ne savez pas, continua-t-il en s'adressant à l'hôte et à * l'hôtesse, vous ne savez pas ce que vous possédez : vous avez un trésor dans votre maison. Vous voyez dans ce jeune gentilhomme la huitième merveille du monde. »

Puis, se tournant de mon côté et me jetant les bras au cou : « Excusez mes transports, ajouta-t-il, je ne suis point maître de la joie que votre présence me cause. »

Je ne pus lui répondre sur-le-champ, parce qu'il me tenait si serré que je n'avais pas la respiration libre, et ce ne fut qu'après que j'eus la tête dégagée de l'embrassade que je lui dis : « Seigneur cavalier, je ne croyais pas mon nom connu à Pegnaflor. — Comment ? connu, reprit-il sur le même ton ; nous tenons un registre de tous les grands personnages qui sont à vingt lieues à la ronde. Vous passez pour un prodige et je ne doute pas que l'Espagne ne se trouve un jour aussi honorée de vous avoir produit que la Grèce d'avoir vu naître les Sages. »

Ces paroles furent suivies d'une nouvelle * accolade qu'il me fallut essuyer, au hasard d'avoir le sort * d'Antée. Pour peu que j'eusse eu d'expérience, je n'aurais pas été la dupe de ses démonstrations ni de ses * hyperboles; j'aurais bien reconnu à ses flatteries outrées que c'était un de ces * parasites que l'on trouve dans toutes les villes, et qui, dès qu'un étranger arrive, s'introduisent auprès de lui pour remplir leur ventre à ses dépens; mais ma jeunesse et ma vanité m'en firent juger tout autrement.

Mon admirateur me parut un fort honnête homme et je l'invitai à souper avec moi. « Ah! très volontiers, s'écria-t-il, je sais trop bon gré à mon étoile de m'avoir fait rencontrer l'illustre Gil-Blas de Santillane, pour ne pas jouir de ma bonne-fortune le plus longtemps que je pourrai. Je n'ai pas grand appétit, poursuivit-il, je vais me mettre à table pour vous tenir compagnie seulement, et je mangerai quelques morceaux par complaisance. » En parlant ainsi, mon * panégyriste s'assit vis-à-vis de moi. On lui apporta un couvert. Il se jeta d'abord sur l'omelette avec tant d'avidité qu'il semblait n'avoir mangé de trois jours.

A l'air complaisant dont il s'y prenait, je vis bien qu'elle serait bien vite expédiée. J'en ordonnai une seconde qui fut faite si promptement qu'on la servit comme nous achevions, ou plutôt comme il achevait de manger la première. Il y procédait pourtant d'une vitesse toujours égale, et trouvait moyen, sans perdre un coup de dent, de me donner louanges sur louanges, ce qui me rendait fort content de ma petite personne.

Il buvait aussi fort souvent, tantôt c'était à ma santé et tantôt à celle de mon père et de ma mère dont il ne pouvait assez * vanter le bonheur d'avoir un fils tel que moi. En même temps, il versait du vin dans mon verre et m'excitait à lui faire raison.

Je ne répondais point mal aux santés qu'il me portait, ce qui, avec ses flatteries, me mit insensiblement de si bonne humeur que, voyant notre seconde omelette à moitié mangée, je demandai à l'hôte s'il n'avait point de poisson à me donner. Le seigneur Corcuélo qui, selon toutes les apparences, s'entendait avec le parasite, me répondit : « J'ai une truite excellente, mais elle coûtera cher à ceux qui la mangeront ; c'est un morceau trop friand pour vous. — Qu'appelez-vous trop friand ? dit alors mon flatteur d'un ton de voix élevé ; vous n'y pensez pas, mon ami, apprenez que vous n'avez rien de trop friand pour le seigneur Gil-Blas de Santillane, qui mérite d'être traité comme un prince. »

Je fus bien aise qu'il eût relevé les dernières paroles de l'hôte, et il ne fit en cela que me prévenir. Je m'en sentais offensé, et je dis fièrement à Corcuélo : « Apportez-nous votre truite et ne vous embarrassez pas du reste. »

L'hôte, qui ne demandait pas mieux que de l'apprêter, ne tarda guère à nous la servir. A la vue de ce nouveau plat, je vis briller une grande joie dans les yeux du parasite qui fit paraître une nouvelle complaisance, c'est-à-dire qu'il donna sur le poisson comme il avait donné sur les œufs.

Il fut pourtant obligé de se rendre, de peur d'accident, car il en avait jusqu'à la gorge. Enfin, après avoir bu et mangé tout son saoûl, il voulut finir la comédie. « Seigneur Gil-Blas, me dit-il en se levant de table, je suis trop content de la bonne * chère que vous m'avez faite pour vous quitter sans vous donner un avis important dont vous paraissez avoir besoin. Soyez désormais en garde contre les louanges ; défiez-vous des gens que vous ne connaissez point. Vous en pourrez rencontrer d'autres qui voudront, comme moi, se divertir de votre crédulité et peut-être pousser les choses encore plus loin ; n'en soyez pas la dupe, et ne vous croyez point, sur leur parole, la huitième merveille du monde. »

En achevant ces mots, il me rit au nez et s'en alla.

RENÉ LE SAGE

RÉFLEXIONS. — Faites tous vos efforts pour acquérir les qualités qui vous manquent ; mais ne vous attribuez jamais et ne vous laissez jamais attribuer celles que vous n'avez pas. Ni vos parents, ni vos maîtres, ni vos camarades ne vous aimeront si vous êtes *orgueilleux*, *vaniteux*, *coquets* et *frivoles*.

EXERCICES ORAUX OU ÉCRITS

1. — Vous avez lu peut-être l'histoire de Claude le Lorrain. Montrez que toujours il a été humble et modeste, malgré la haute situation que ses talents lui avaient acquise.
2. — La vanité est le domaine des sots ; justifiez cette pensée.
3. — Qu'entend-on par l'orgueil, la coquetterie, la vanité et la frivolité ? Dans un petit récit, faites voir combien ces défauts déplaisent : dites ce que vous pensez du flatteur et de celui qui se laisse flatter.

LEXIQUE

Accommoder .. Apprêter.
Rapière .... Grand sabre.
Santillane..... Ville de la Vieille-Castille, en Espagne.
Savantissisme Grand savant.
Oviédo .... Ville des Asturies, en Espagne.
Hôte, Hôtesse.. Qui tient un hôtel, ou qui va manger dans un hôtel.
Accolade ...... Embrassement.
Antée .... Géant dont les forces renaissaient lorsqu'il touchait la terre ; Hercule le soutint en l'air et l'étouffa entre ses bras.
Hyperbole ..... Exagération des choses.
Parasite .... Celui qui vit aux dépens de quelqu'un.
Horoscope..... Observation qu'un astrologue fait de l'état du ciel à la naissance d'un enfant et d'où il tire des jugements sur les événements de sa vie.
Panégyriste... Celui qui fait un pompeux éloge de quelqu'un.
Toast .... Proposition de boire à la santé de quelqu'un.
Vanter .... Louer beaucoup.
Faire bonne
  chère .... Bien se nourrir.

RÉCITATION

La Diligence

« Clic ! clac ! holà ! gare ! gare ! »
    La foule se rangeait
    Et chacun s'écriait ;
   « Peste ! quel tintamarre !
Quelle poussière ! ah ! c'est un grand seigneur !
— C'est un prince du sang ! — C'est un ambassadeur!
La voiture s'arrête, on accourt, on s'avance :
    C'était... la diligence
    Et... personne dedans.

  Du bruit, du vide, amis, voilà je pense,
    Le portrait de beaucoup de gens.

                   GAUDY.

Le Grillon

    Un pauvre petit grillon,
    Caché dans l'herbe fleurie,
    Regardait un papillon
    Voltigeant dans la prairie.
L'insecte ailé brillait des plus vives couleurs,
L'azur, la pourpre et l'or éclataient sur ses ailes ;
Jeune, beau, petit-maître, il court de fleur en fleur,
    Pressant et quittant les plus belles.
« Ah ! disait le grillon, que son sort et le mien
    Sont différents ! Dame nature,
    Fit pour lui tout et pour moi rien.
Je n'ai point de talents, encore moins de figure ;
Nul ne prend garde à moi, l'on m'ignore ici-bas :
    Autant vaudrait n'exister pas. »
    Comme il parlait, dans la prairie
    Arrive une troupe d'enfants.
    Aussitôt les voilà courant
Après ce papillon dont ils ont tous envie.
Chapeaux, mouchoirs, bonnets, servent à l'attraper.
L'insecte vainement cherche à leur échapper ;
    Il devient bientôt leur conquête.
L'un le saisit par l'aile, un autre par le corps ;
Un troisième survient et le prend par la tête ;

Il ne fallait pas tant d'efforts
  Pour déchirer la pauvre bête :
« Oh! oh! dit le grillon, je ne suis plus fâché ;
Il en coûte trop cher pour briller dans le monde.
Combien je vais aimer ma retraite profonde!
  Pour vivre heureux, vivons caché. »

FLORIAN.

LEÇON XXXV

Programme. — IGNORANCE ET PARESSE

MAXIMES

1. — La paresse est un souverain qui abdique pour tomber dans l'esclavage.
2. — L'ignorance n'est pas seulement une honte, c'est un danger.
3. — L'instruction est la première des richesses.
4. — L'oisiveté est la mère de tous les vices.

« Un ignorant est un être incomplet. Il lui manque les yeux et les oreilles de l'intelligence. C'est un aveugle au milieu des beautés de la nature ; c'est un sourd auquel on ferait juger des morceaux de musique....

L'ignorance accueille tous les faux bruits; elle repousse les conseils, elle proscrit les améliorations. La foi à la sorcellerie, aux maléfices n'est-elle pas la suite de l'ignorance des lois les plus simples de la nature ? Et la superstition n'a-t-elle pas sa source en elle ?

Il faut plaindre les jeunes gens qui refusent d'étudier, sous prétexte que les commencements sont difficiles. Ils ne se doutent pas de quelles heures délicieuses leur lâcheté les prive dans l'avenir. »

IGNORANCE ET PARESSE

Un des plus beaux génies du XVIIe siècle, Blaise Pascal, a dit que « l'orgueil et la paresse étaient les deux sources de tous les vices. »

Cette pensée, profondément vraie, nous rappelle *l'anecdote suivante :

Un riche cultivateur du département du Doubs avait deux enfants. L'aîné, qui se nommait François, avait, dès son enfance, manifesté le goût du travail ; il suivait avec assiduité la classe et écoutait avec attention les leçons de l'instituteur. Le *cadet, nommé Jean, avait, au contraire, l'esprit le plus indiscipliné. La paresse avait chez lui pris un tel empire qu'il négligeait tous ses devoirs, manquait la classe et n'écoutait les conseils de personne. Il se *complaisait dans son ignorance, prétextant que le travail intellectuel est inutile et qu'il n'est pas nécessaire, pour être honnête homme, de connaître la grammaire, le calcul, l'histoire et la géographie.

Qu'arriva-t-il ? Après la mort de leurs parents, François et Jean se partagèrent leur succession. Jean, adonné à la paresse, eut bien vite dissipé dans les cabarets sa part de l'héritage paternel. François, au contraire, sut, par son intelligence, son labeur, faire prospérer son petit *patrimoine. Son instruction lui permettait de se tenir au courant du progrès dans les procédés scientifiques et nouveaux employés dans la culture. Lorsqu'il avait une difficulté avec un voisin sur les limites d'une propriété, il pouvait, par lui-même et au moyen de ses connaissances en arpentage, délimiter la parcelle *litigieuse. Comme il passait pour un parfait honnête homme, ses voisins avaient une entière confiance en lui et acceptaient son travail. Il évita ainsi plusieurs procès longs et *dispendieux.

Bien souvent, Jean, resté sans ressources, fut obligé d'avoir recours à son frère. Celui-ci l'accueillait toujours avec bonté, mais il lui faisait de sévères *remontrances et l'engageait sans cesse à travailler. Malheureusement, les habitudes de paresse contractées dans l'enfance subsistent pendant toute la vie. Jean faisait la promesse de se corriger, et, le naturel reprenant aussitôt le dessus, il retombait dans son incorrigible oisiveté. François, ayant une nombreuse famille à élever, se trouva bientôt dans l'impossibilité de fournir à Jean les secours qu'il lui avait jusqu'alors prodigués, et celui-ci mourut dans la misère, après avoir subi l'humiliation de recourir à la charité publique et de mendier son pain.

FRANCEY, Conseiller général.

RÉFLEXIONS. — « Il y a trois moyens d'acquérir l'aisance : 1° le *travail*, qui est la sauvegarde de l'homme, sa consolation et son plus grand bonheur ; 2° l'*ordre* qui est la règle de nos pensées, de nos actions, de nos sentiments et nous enseigne à nous conduire toujours d'après les lois aussi invariables dans le monde moral que le sont les lois d'après lesquelles, dans le monde physique, se meuvent les astres et se renouvellent les saisons ; 3° l'*économie*, qui nous enseigne à bien user des produits de notre travail pour la satisfaction de nos besoins, l'aisance de notre famille, le soulagement des infortunes qu'il nous est possible de secourir, et l'accumulation des épargnes qui nous permettront de vivre dans la vieillesse du fruit de nos travaux. »

EXERCICES ORAUX OU ÉCRITS

1. — Développez cette pensée : « la paresse est un souverain qui abdique pour tomber dans l'esclavage. »
2. — Où conduit souvent l'habitude du vagabondage ? citez un exemple.
3. — La liberté du travail est un bienfait que nous devons à la Révolution de 1789. Parlez des difficultés qu'éprouvaient à cette époque les travailleurs.

LEXIQUE

Pascal .... Mathématicien et littérateur français (1623-1662).
Anecdote .... Récit particulier d'un fait.
Cadet .... Frère puîné.
Complaire ... Plaire à force de prévenances.
Patrimoine .. Héritage laissé par les parents.
Litigieuse ... Qui peut être contesté en justice.
Dispendieux . Qui nécessite une forte dépense.
Remontrance. Avis quelquefois donné d'un ton sévère.

RÉCITATION

Allons travailler

Au travail ! au travail ! qu'on entende partout
Le bruit saint du travail et d'un peuple debout !
Que partout on entende la scie et la lime,
La voix du travailleur qui chante et qui s'anime !
Que la fournaise flambe, et que les lourds marteaux
Nuit et jour et sans fin tourmentent les métaux :
Rien n'est harmonieux comme l'acier qui vibre
Et le cri de l'outil aux mains d'un homme libre !

Au travail ! au travail ! à l'œuvre ! aux ateliers !
Et vous, de la pensée, habiles ouvriers,
A l'œuvre ! Travaillez, tous dans votre domaine,
La matière divine et la matière humaine !
Inventez, maniez, changez, embellissez !
La liberté jamais ne dira : « C'est assez ! »
Toute audace lui plaît ; vers la nue orageuse
Elle aime à voir monter une aile courageuse !
Aimons la liberté ! c'est le souffle de Dieu !

(Poème de Marie) [1]   BRISEUX.

---

(1) Lemerre, éditeur.

LEÇON XXXVI

Programme.—COURAGE DANS LE PÉRIL ET DANS LE MALHEUR

MAXIMES

1. — L'homme de bien porte le courage partout avec lui ; au combat, contre l'ennemi ; dans un cercle, en faveur des absents ; dans son lit, contre les attaques de la douleur et de la mort.
2. — Une volonté forte triomphe toujours de tout, même des infirmités de la nature.
3. — Ne pas se laisser troubler par un danger, c'est l'avoir à moitié vaincu.
4. — Une grande âme est au-dessus de l'injure, de l'injustice, de la douleur.
5. — Le courage est avant tout le sang-froid et la possession de soi-même dans le danger.
6. — Courage, c'est salut.

Dans les périls, la puissance de la volonté n'est pas d'un moins grand secours que la force du corps.

BELLE CONDUITE D'UNE INSTITUTRICE

Dans le courant du mois de juin 1858, un terrible incendie a réduit en cendres, à Liège, un groupe scolaire où étaient réunis environ deux cent cinquante garçons et un nombre égal de filles.

A la première *alerte, les instituteurs terminèrent la classe, firent descendre les enfants et opérèrent la sortie en bon ordre. Mais, du côté des institutrices les choses ne purent se passer aussi facilement ; l'incendie, au moment de la retraite, avait fait des progrès rapides.

Toutes les précautions furent prises pour que les

élèves descendissent l'escalier sans encombrement, et plus de deux cents jeunes filles sortirent ainsi sans trop d'inconvénients.

Cependant, l'incendie continuant ses terribles ravages, l'escalier fut bientôt envahi par les flammes et la fumée et devint impraticable. Toute communication avec le dehors était *interceptée, et il restait encore de trente-cinq à quarante élèves dans l'établissement, avec une maîtresse qui ne devait quitter son poste que la dernière !

Qu'allaient devenir ces pauvres enfants ? Leur sort dépendait en quelque sorte de cette institutrice qui montra, dans la circonstance, un sang-froid et une présence d'esprit vraiment admirables.

Elle fit entrer les élèves dans une chambre que les flammes avaient épargnée jusqu'alors ; elle en ferma immédiatement la porte afin d'empêcher tout accès à la fumée et d'éviter *l'axphyxie.

La salle était éclairée par une grande fenêtre, semblable à celle d'une église, où s'entrecroisaient des barres de fer. Rien ne s'y ouvrait.

A coups de poing, la dévouée institutrice brisa les vitres et pratiqua une ouverture entre les barreaux. Elle avertit les spectateurs du point où il fallait porter les secours pour sauver cette intéressante jeunesse. La première échelle était trop courte. Une seconde n'atteignait point encore la hauteur de l'ouverture, mais néanmoins on put commencer tout de suite le sauvetage.

La vaillante institutrice passa successivement les enfants par l'ouverture qu'elle avait pratiquée ; des hommes courageux les recevaient et les descendaient. Comment décrire l'anxiété des personnes qui, de l'extérieur, assistaient à cette scène si émouvante ?

Témoins des progrès que faisait le terrible élément, elles se demandaient si tout le monde pourrait échapper au péril dont *l'imminence s'accroissait de seconde en seconde.

En effet, le danger devenait de plus en plus pressant. A l'intérieur, la fumée avait envahi la chambre, et des langues de feu perçaient le plancher, tandis que la valeureuse institutrice continuait son œuvre de dévouement.

Un soupir de soulagement s'échappa de toutes les poitrines quand on apprit que la dernière enfant était descendue. Mais l'institutrice ?

Un moment elle hésita à descendre. Elle aurait voulu, par modestie, se dérober aux *acclamations de la foule. Enfin elle s'abandonna dans les bras d'un des courageux sauveteurs.

La foule l'entoure; les parents des enfants qu'elle a si vaillamment arrachées à la mort veulent lui faire une *ovation triomphale, mais elle se retire modestement et disparait.

La conduite de cette brave jeune fille a été héroïque. S'il y avait eu chez elle un moment de trouble, d'indécision, de faiblesse, on aurait eu à déplorer une catastrophe non moins terrible que celle de l'Opéra-Comique, dont Paris et la France entière garderont longtemps le triste souvenir.

UNE NUIT TERRIBLE

Le train 39 arrivait avec une heure de retard causé par la plus effroyable tempête qu'on eût jamais vue. La nuit tombait, et je ne sais quelle agitation nerveuse me faisait pressentir une nuit mauvaise. Par le train, m'arrivait un sac d'argent de 1.300 dollars pour

M. Eldridge, et la pensée d'avoir en dépôt, pour la nuit, dans ma station que j'habitais seul une pareille somme ne me souriait aucunement. Deux voyageurs descendirent du train, je ne devrais dire qu'un seul, car l'autre fût descendu dans un cercueil de bois du fourgon de marchandises. Qu'est-ce que cela? demandai-je tandis qu'on portait le funèbre colis à l'intérieur de la station. « Le corps de ma belle-sœur, répondit l'étranger qui était descendu du train. Elle était la mère de M. Eldridge que vous devez sans doute connaître, et doit venir reposer ici dans le caveau de la famille.

— Il va donc falloir que je laisse le cadavre passer la nuit ici? demandai-je encore.

— Oui, dit-il, brièvement. Croyez-vous que je puisse arriver encore cette nuit à la villa de M. Eldridge?

— Ce sera chose difficile, répondis-je; mieux vaudrait passer la nuit à l'hôtel, qui n'est pas bien loin d'ici. » Et je montrai à l'étranger la direction dans laquelle, au bout d'un quart d'heure de marche, il pouvait trouver ledit hôtel, et m'en allai au conducteur du train, qui me remit le sac de 1.300 dollars, en me disant : « Sois sur tes gardes, Bill. » Je répondis d'un ton dégagé qui ne s'accordait guère avec mes sentiments, puis le train partit. Je m'arrêtai à suivre des yeux les lumières rouges, et lorsqu'elles furent évanouies dans les ombres de la nuit, je sentis peser sur mon âme toute l'horreur de ma solitude.

Rentré dans ma station, je jetai encore un coup d'œil sur le cercueil placé dans un coin de la pièce aux colis, et passai dans ma chambre qui lui était contiguë. Je mis quelques morceaux de bois sur le feu de la cheminée, bourrai ma pipe et m'étendis dans mon vieux fauteuil, un journal à la main. J'avais tout disposé pour passer une nuit tranquille. Malgré tout cela je ne pus me sentir à mon aise. La pipe ne voulait point brûler, un * grog que j'avais chauffé ne me tenta pas, et mon journal resta incapable de fixer mon attention. Bref, pour dissiper mon ennui, je me pris à prêter une oreille moins distraite au bruit saccadé de mon appareil télégraphique (système Morse) qui était devenu pour moi comme le langage d'un ami toujours compris.

Un formidable coup de tonnerre étouffa un instant tout autre bruit, puis j'écoutai encore mon appareil Morse, et demeurai tout atterré. Je l'avais entendu distinctement, très distinctement tapoter : « Fais attention au cercueil. » Puis après quelques instants : « Fais attention au cercueil. » Et puis encore une troisième fois : « Fais attention au cercueil. »

De reposer, il ne pouvait plus être question. Qui pouvait expédier la dépêche ? Que pouvait-elle signifier ? Je pressentis quelque événement étrange. Je pris au fond de mon armoire un vieux pistolet qui, rouillé et déchargé comme il était, ne pouvait franchement m'être que d'une médiocre utilité. J'inspectai encore les fermetures de la maison, je fermai soigneusement les volets, ouvris tout à fait la pièce aux colis, et me plaçai de façon à ne pas perdre de vue un seul instant le fameux cercueil. Je crus cependant devoir demander aux stations de la ligne si elles m'avaient télégraphié. Toutes me répondirent : « Non. » Et je commençais à croire à quelque illusion de ma part, tout en tenant les yeux comme rivés sur le cercueil, lorsque tout à coup l'appareil se remit à tapoter : « Fais attention au cercueil, » et ceci encore à trois reprises. Du coup, je résolus de veiller toute la nuit, et m'étendis tout habillé sur mon lit, après avoir au préalable enlevé mes bottes. La tempête était tombée au dehors, et avec le * monotone tic-tac de ma vieille horloge, les heures s'écoulèrent. Il sonna onze heures ; il sonna minuit. Tout était tranquille. La lampe de la pièce voisine brûlait toujours et mes yeux ne se détachaient pas du cercueil, lorsque mon appareil Morse se mit encore une fois en branle et tapota : « Fais attention au cercueil. » Et j'y fis attention. Alors il me sembla entendre près du cercueil comme un bruit de vis. Ce bruit reprit ; je me mis sur mon séant, invoquai le secours du Ciel, puis glissant sans bruit à bas de mon lit, le pistolet à la main, j'arrivai doucement auprès du cercueil. Là j'entendis comme un bruit de verrou dans l'intérieur, puis encore je vis que le couvercle se soulevait peu à peu. Une sueur froide inonda mon corps. Mais le moment était aux promptes résolutions, et je me jetai vivement sur le cercueil. Ce qui pouvait bien être là-dedans n'en devait pas sortir, c'est ce qu'il y avait de plus clair pour moi.

Tandis que de tout le poids de mon corps je pesais sur le couvercle du cercueil, un cri de douleur s'y fit entendre. Je compris alors que je n'avais pas à faire à un revenant. C'est en faisant usage de toutes ses forces que mon prisonnier essayait maintenant de soulever le couvercle. Mais ce fut vainement. Une corde se trouvait tout près de moi ; je l'amenai et, après l'avoir enroulée deux fois autour du cercueil, je fis un nœud très solide. En toute hâte, je cherchai clous et marteau, et me mis à clouer le couvercle, malgré tous les cris de mon prisonnier. Je n'ai pas besoin de dire que je ne ménageai pas les clous. Cela fait, je télégraphiai immédiatement à la station voisine pour demander un train de secours, car j'avais le pressentiment que tout n'était pas fini. Dix minutes ne s'étaient pas écoulées que j'entendis marcher au dehors. Quelqu'un venait de s'arrêter devant la porte ; puis on frappa doucement.

Je ne répondis pas : « John ! » appela une voix. Puis, personne ne répondant, on frappa plus fort. Je ne bougeai pas davantage.

Un violent coup de je ne sais quoi fut donné dans la porte et perça l'un des panneaux. Un bras passa aussitôt à travers l'ouverture et chercha à ouvrir de l'intérieur. J'empoignai résolument la main et cherchai à la maintenir. Il s'ensuivit une lutte désespérée. Je me cramponnai à la main avec toute l'énergie que me donnait la conscience du danger que je courais. Il y avait déjà près de dix minutes que nous mesurions nos forces lorsque mon nocturne et par trop empressé visiteur lâcha un formidable juron. Le train de secours arrivait. Mon homme fit un suprême effort qui fut inutile. Le sifflet de la locomotive retentit ; le train s'arrêta, et j'entendis aussitôt sur le quai : « Ah ! le voici, » s'écrièrent plusieurs voix, et je sentis que l'on empoignait mon prisonnier : « Ouvre ! » cria mon collègue de la station voisine.

Je lâchai la main et ouvris. Le brigand, car c'en était un, était déjà étendu par terre, solidement garrotté : les employés de la ligne se déclarent contents d'être arrivés à temps. « Une bonne prise, dirent-ils, et qui te vaudra pour le moins 500 dollars.

— Ce n'est pas tout, répondis-je, j'ai un second prisonnier.

— Où, Où ? demandèrent ils à la fois ? »

Je montrai le cercueil. Ce n'était pas une besogne facile que de le déclouer et d'enlever tous les clous que j'y avais enfoncés. Nous y parvînmes cependant et, avant que le pseudo-cadavre eût eu le temps de faire usage du revolver qu'il tenait à la main, nous fûmes maîtres de sa personne. En un clin d'œil il fut garrotté et couché sur le plancher comme son compère. C'était un des plus redoutables brigands du Michigan. Cette terrible nuit, qui fut un événement dans ma vie, me fut bien payée ; j'acquis de plus un renom d'habileté et de bravoure ; mais, malgré tout cela, je ne désirerais pas revoir une nuit semblable.

(Soleil du Midi.) [1]

RÉFLEXIONS. — N'ayez peur de rien que de la peur. Si vous gardez votre sang-froid en face du danger, vous l'avez à moitié vaincu.

EXERCICES ORAUX OU ÉCRITS

1. — Parlez des services que peuvent rendre le télégraphe et les chemins de fer.
2. — On dit que garder son sang-froid dans le péril, c'est l'avoir à moitié vaincu. Donnez quelques explications.
3. — Développez cette maxime : courage c'est salut.

LEXIQUE

Alerte	Émotion produite par le signal d'un danger.
Interceptée	Arrêtée au passage.
Asphyxie	Suspension de la respiration.
Imminence	Caractère de ce qui est menaçant.
Ovation	Honneur triomphal rendu à une personne en lui faisant cortège.
Catastrophe	Grand malheur ; fin tragique.
Opéra-Comique	Théâtre de Paris, incendié en 1887, pendant une comédie, et où un grand nombre de personnes trouvèrent la mort.
Dollar	Monnaie des États-Unis valant 4 fr. 42 centimes.
Station	Lieu où descendent les voyageurs en chemin de fer.
Fourgon	Voiture où l'on place différentes marchandises.
Grog	(prononcez grogue) boisson composée de sucre, d'eau-de-vie et d'eau.
Monotone	D'un seul ton.
Séant	Posture d'un homme assis sur son lit.
Quai	Rivage élevé pour débarquer les marchandises.
Garrotté	Attaché avec de forts liens.
Michigan	Un des États de l'Union américaine, chef-lieu Lansing.
Pseudo	Préfixe qui signifie que la qualification attribuée au mot qui le joint est fausse.

---

(1) Ce récit, trouvé un peu dramatique, est reproduit à titre d'essai sur la demande de plusieurs membres de l'enseignement.

RÉCITATION

Courageux sang-froid d'un Instituteur-adjoint

Il était 4 heures du soir. Les élèves de l'importante école de Lods venaient de sortir. Ils suivaient par petits groupes la grande route qui traverse le bas du village. Des cris de détresse se font entendre. Une voiture arrive à fond de train, montée par deux personnes, et entraînée par un cheval emporté. Le jeune maître-adjoint qui venait de reconduire ses élèves, M. Bouteiller, Frédéric-Albert, âgé de moins de vingt ans, sorti depuis quelques mois de l'école normale de Montbéliard, se met courageusement au milieu de la route pour arrêter le cheval qui fait un écart. M. Bouteiller s'élance, le saisit, le maîtrise. Il reçoit deux blessures à la jambe ; mais ses élèves sont préservés.

M. Bouteiller ne pouvait pas mieux commencer sa carrière d'instituteur.

(*Bulletin du Doubs*, 1884.)

LEÇON XXXVII

Programme. — PATIENCE, DANGER DE LA COLÈRE, DOUCEUR MÊME ENVERS LES ANIMAUX

MAXIMES

1. — La colère est un accès de démence.
2. — L'impatience aigrit et aliène les cœurs ; la douceur les ramène.
3. — Il faut être patient pour être maître de soi et des autres hommes.
4. — Patience et longueur de temps font plus que force ni que rage.
5. — Ne maltraitez jamais les animaux ; ils vous rendront en bons services les soins que vous aurez pour eux.

Se montrer sans pitié envers les animaux, c'est faire preuve d'un mauvais cœur.

LE COCHER MODÈLE

On dit trop de mal des cochers pour n'en pas dire un peu de bien quand l'occasion s'en présente. Or, voici ce que j'ai vu et ce que je me fais un plaisir de raconter.

C'était la nuit, vers dix heures, sur une * avenue paisible, où je me promenais paisiblement.

Arrive un * fiacre au petit trot; les sabots du cheval résonnaient sur l'asphalte, dans le silence de l'avenue déserte.

Tout à coup, le bruit cesse, je me retourne, et je vois le cheval qui reculait, reculait, et j'entends le cocher qui, d'une voix douce, lui disait : « Allons, Coco, ce n'est rien, n'aie pas peur. » Mais Coco avait peur, il ne voulait rien entendre, il reculait toujours, et déjà la voiture, poussée à reculons, avait une roue sur le * trottoir.

Je m'approche par curiosité; tout autre en eût fait autant, mais ce qui m'attirait surtout, c'était la douceur inaccoutumée du cocher, qui, sans s'impatienter, continuait à dire : « Allons, Coco, ce n'est rien, n'aie pas peur. »

Combien, en pareil cas, prennent leur fouet par le petit bout et frappent leurs pauvres bêtes avec le manche, à tour de bras en dépit de la loi * Grammont! Mais de quoi Coco avait-il peur?

Une de ces lourdes voitures à gros rouleau de pierre, qui servent à écraser les cailloux et à niveler les chaussées, avait été laissée le long du trottoir, les bras en l'air. Sa forme * insolite avait effrayé la bête du reste un peu ombrageuse. Elle pointait les oreilles, ses genoux tremblaient.

Le cocher descendit, sans lâcher les rênes, et sans cesser de parler à la bête, comme il eût fait à un être raisonnable : — « Allons, Coco, tu t'effrayes pour rien ; » et le flattant d'une main, et de l'autre lui prenant la bride : — « Je vais t'y conduire, va ; tu verras ce que c'est ; allons-y les deux. »

Je m'étais encore rapproché, et voulant participer, autant qu'il m'était possible, aux louables efforts du cocher, je m'étais placé près du rouleau, entre les bras de la voiture, et sans y songer, je répétais, moi aussi : « Allons, Coco ! Allons, Coco ! tu vois bien que ce n'est rien. »

Et à part moi, je me disais : « Quel éducateur, ce cocher ! Il nous en faudrait beaucoup comme lui dans nos écoles ; non que nos enfants soient des bêtes, certes non ; mais il se rencontre bien encore, par ci, par là, quelques maîtres qui ne savent pas les prendre et qui n'arrivent pas à les corriger. »

Cependant, Coco était arrivé, quoique non sans peine, auprès du rouleau, et il soufflait, soufflait et jetait la tête à droite, à gauche, pour ne pas voir. Mais le cocher y mit tout ce qu'il fallait de patience. Une fois la bête un peu rassurée, il la fit avancer pas à pas le long de la voiture, lui tenant la tête tout contre, j'étais dans l'admiration.

Enfin, et ceci y mit le comble, quand Coco eut dépassé la machine, comme il manifestait un vif désir de s'en aller au plus vite : « Non pas, lui dit ce cocher modèle, allons y encore une fois, il faut que tu t'y habitues. »

Et il le fit retourner à l'épouvantail, et il le tint quelques minutes en sa présence, toujours lui parlant, lui tapant sur le cou. Et quand Coco eut bien vu la chose, par devant, par côté et par derrière ; quand ses genoux eurent cessé de trembler, quand ses oreilles furent au repos et que sous ses œillères on vit ses yeux rassurés, alors, doucement, toujours doucement, ce maître cocher, digne de conduire des hommes, remonta tranquillement sur son siège, et dit : « Maintenant, Coco, tu peux aller, mais pas trop vite, nous aurions l'air de nous sauver. » Et Coco partit au petit trot, comme il était venu.

Et moi, je restais là, planté sur le bord du trottoir en me disant : « Quelle leçon ! quelle leçon ! quel éducateur ! »

Puis, tout à coup, me frappant le front : « Tu n'es qu'un sot, me dis-je, — tu ne lui as demandé ni son nom, ni son adresse ; » et je voulus courir après ; mais Coco avait disparu et son maître avec lui.

Si ces lignes lui tombent sous les yeux, du maître, s'entend, qu'il vienne me voir. Cette petite scène s'est passée avenue de l'Observatoire, près de l'Ecole de Pharmacie, à Paris, le 25 décembre de l'année 1886.

(*Pour nos Enfants.*) [1]   A. VESSIOT.

RÉFLEXIONS. — On dit que votre âge est sans pitié, mes enfants, et savez-vous pourquoi ? Parce que vous ignorez beaucoup de choses encore. Apprenez que l'animal *sent et souffre* comme vous, et vous ne détruirez plus les *œufs dans les nids*, vous n'enleverez *plus les petits oiseaux*, vous ne frapperez pas abusivement *les animaux domestiques* qui facilitent chaque jour votre travail et celui de vos parents.

DEVOIRS ORAUX OU ÉCRITS

1. — Quels sont vos devoirs envers les animaux et spécialement envers les animaux domestiques. N'y a-t-il pas une question d'humanité qui nous oblige à les bien traiter ?
2. — Indiquez quelques animaux utiles et quelques animaux nuisibles.
3. — Faut-il détruire les nids ? Pourquoi les oiseaux sont-ils utiles à l'agriculture ?

---

(1) Paris, Lecesne et Oudin, éditeurs, rue Bonaparte, 17. Prix : 1 fr. 50 Ouvrage de lecture courante recommandé.

LEXIQUE

Avenue............ Chemin planté d'une ou de plusieurs allées d'arbres et qui conduit à une habitation.
Fiacre............ Petite voiture de louage.
Asphalte......... Sorte de bitume employé pour recouvrir les trottoirs.
Trottoir......... Voie qui longe une rue et qui est réservée aux piétons.
Loi Grammont. Loi du 2 juillet 1858, qui punit d'une peine d'amende ou de prison ceux qui exercent des mauvais traitements sur les animaux domestiques.
Insolite......... Inaccoutumé, extraordinaire.
Œillères........ Pièce de cuir qui empêche le cheval de voir de côté.

RÉCITATION

La Mort du Cerf

Je me souviens d'avoir assisté une fois dans ma vie à la mort d'un cerf, et je me souviens aussi qu'à ce spectacle, je fus moins frappé de la joyeuse fureur des chiens, ennemis naturels de la bête, que de celle des hommes qui s'efforçaient à les imiter. Quant à moi, considérant les derniers abois de ce malheureux animal et ses larmes attendrissantes, je me promis bien qu'on ne me verrait plus à pareille fête.

J.-J. ROUSSEAU.

Le Crapaud

« Viens vite, Pierre, viens voir :
Un affreux crapaud tout noir ! »
Disait Paul à Petit Pierre.
— « Nous allons le tuer, ça va nous amuser. »
Et Paul prend un bâton, et son frère une pierre ;
Ils courent au crapaud pour le martyriser.
Un âne, en ce moment, traînant une charrette,
Allait mettre le pied sur le corps de la bête.
  Il s'arrête
Et s'en va de côté pour ne pas l'écraser.
Paul alors dit à Petit-Pierre
Qui laisse tomber ses cailloux :
« Ah ! qu'allions-nous faire, mon frère ?
Un âne est moins méchant que nous. »

(*Comédie enfantine.*) [1] Louis RATISBONNE.

---

(1) Paris, Delagrave, éditeur. Ouvrage recommandé.

LEÇON XXXVIII

Programme. — ESPRIT D'INITIATIVE

MAXIMES

1. — Chacun est l'artisan de sa fortune? Chacun est le fils de ses œuvres.
2. — Il n'est point de découverte qui ne soit ou qui ne devienne tôt ou tard utile à l'humanité.
3. — Un seul homme, par son génie et sa persévérance, peut faire changer de face toute une contrée.

« Le bien que nous faisons à nos semblables doit être notre plus belle gloire et nos plus belles richesses. »

AMBROISE PARÉ

Le père de la chirurgie française, Ambroise Paré, naquit à Laval, dans le Maine, en 1509. Il fut le * chirurgien de Henri II, de François II, de Charles IX et de Henri III. Il jouit d'une grande considération à la cour de Charles IX. Lors du massacre de la Saint-Barthélemy, le roi ne voulut sauver personne que maître Ambroise Paré, son premier chirurgien. « Il l'envoya * quérir, nous dit un * chroniqueur de l'époque, et venir le soir dans son * garde-robe, lui commandant expressément de n'en pas bouger, disant qu'il n'est pas raisonnable qu'un homme qui pouvait servir à tout un monde fut ainsi massacré. »

Des médecins envieux et jaloux l'accusèrent, sous François II, d'avoir empoisonné ce prince : « Non, non, dit Catherine de Médicis, Ambroise est trop homme de bien et trop bon ami pour avoir eu même a pensée de ce projet odieux. »

De bonne heure, Ambroise Paré avait montré un grand courage et un rare esprit d'initiative. On raconte qu'un jour, comme il jouait avec des enfants de son âge, l'un d'eux tomba si maladroitement qu'il se fit une profonde blessure à la tête et qu'il perdait beaucoup de sang.

Il s'évanouit. Ambroise, resté seul, s'approcha de ce petit malheureux, lui lava la plaie, la banda avec un mouchoir, et apporta le blessé sur ses épaules au domicile de sa famille.

Un médecin ayant appris cet acte de courage prit Ambroise chez lui comme aide et voulut faire son éducation. Il devint, comme on l'a vu plus haut, le médecin de plusieurs rois de France.

Il opéra des *cures éclatantes sur François de Guise et Charles IX.

Le premier avait reçu devant Boulogne un coup de lance dont le fer et une partie du *fût furent retirés par Ambroise avec une *dextérité merveilleuse.

Les funestes effets d'une saignée faisaient craindre pour les jours de Charles IX. Par une *thérapeutique aussi habile qu'énergique, Paré écarta le danger qui était imminent. Dès lors il fut traité avec beaucoup d'égards par la cour.

Une maladie épidémique qui avait éclaté à Paris obligea le roi à quitter la capitale. Paré, quoique son médecin, refusa de le suivre et voulut donner tous ses soins aux malheureux *pestiférés. Il en sauva ainsi un grand nombre en exposant lui-même sa vie.

Quand il avait obtenu une guérison merveilleuse et qu'on l'en félicitait, il répondait modestement :

« Je l'ai pansé, et Dieu l'a guéri. » Ces mots sont gravés sur la statue que la reconnaissance publique lui a élevée à Paris.

(D'après PÉRENNÈS.)

RÉFLEXIONS. — Beaucoup de découvertes tirent leur origine de faits en apparence insignifiants, mais dont les conséquences sont des bienfaits pour l'humanité. Enfants, observez attentivement chaque chose.

L'esprit d'initiative est un don précieux qui s'acquiert surtout dans les pays de liberté.

EXERCICES ORAUX OU ÉCRITS

1. — Montrez comment l'esprit d'initiative se développe surtout dans un pays de liberté.
2. — Parlez des services que peut rendre celui qui, sans attendre les événements, les provoque et supprime ainsi souvent tant de difficultés.
3. — Montrez quels services nous rendent les savants qui se livrent, dans leurs cabinets, à des recherches scientifiques ou industrielles.

LEXIQUE

Chirurgien.... Artisan qui s'occupe de la guérison de certaines lésions.
Quérir......... Chercher (vieux mot).
Chroniqueur... Celui qui raconte la chronique, c'est-à-dire l'histoire du temps.
Garde-robe.... Chambre destinée à recevoir les habits.
Cure........... Traitement médical amenant la guérison d'une blessure ou d'une maladie.
Fût............ Bois sur lequel est montée certaine arme.
Dextérité...... Adresse, habileté.
Thérapeutique Partie de la médecine qui enseigne la manière de traiter les maladies ; les remèdes eux-mêmes.
Pestiféré...... Qui est atteint de la peste.

RÉCITATION

Le Charretier embourbé

Le phaéton d'une voiture à foin
Vit son char embourbé. Le pauvre homme était loin
De tout humain secours; c'était à la campagne,
Près d'un certain canton de la basse Bretagne,
  Appelé Quimper-Corentin.

On sait assez que le Destin
Adresse là les gens quand il veut qu'on enrage.
      Dieu nous préserve du voyage!
Pour venir au chartier (1) embourbé dans ces lieux,
Le voilà qui déteste et jure de son mieux,
      Pestant, en sa fureur extrême,
Tantôt contre les trous, puis contre ses chevaux,
      Contre son char, contre lui-même.
Il invoque à la fin le dieu dont les travaux
      Sont si célèbres dans le monde :
Hercule, lui dit-il, aide-moi; si ton dos
      A porté la machine ronde,
      Ton bras peut me tirer d'ici.
Sa prière étant faite, il entend dans la nue
      Une voix qui lui parle ainsi :
      Hercule veut qu'on se remue;
Puis il aide les gens. Regarde d'où provient
      L'achoppement qui te retient :
      Ote d'autour de chaque roue
Ce malheureux mortier, cette maudite boue
      Qui jusqu'à l'essieu les enduit;
Prends ton pic et me romps ce caillou qui te nuit;
Comble-moi cette ornière. As-tu fait? Oui, dit l'homme.
— Or bien! je vais t'aider, dit la voix : prends ton fouet. —
Je l'ai pris... Qu'est ceci! mon char marche à souhait!
Hercule en soit loué! Lors la voix : Tu vois comme
Tes chevaux aisément se sont tirés de là.
      Aide-toi, le ciel t'aidera.

                                  LA FONTAINE.

---

(1) La Fontaine a écrit chartier.

CHAPITRE IV

LA DIVINITÉ

LEÇON XXXIX

Programme. — DIEU. — SENTIMENT DE RESPECT ET DE VÉNÉRATION POUR DIEU, CAUSE PREMIÈRE, ÊTRE PARFAIT

MAXIMES

1. — Les cieux nous révèlent un Dieu tout-puissant et infini.
2. — Je crois que le monde est gouverné par une volonté puissante et sage, je la vois, ou plutôt je la sens.
3. — Dieu laissa-t-il jamais ses enfants dans le besoin ? Aux petits des oiseaux il donne la pâture et sa bonté s'étend sur toute la nature.
4. — Tout annonce d'un Dieu l'éternelle existence ;
L'ordre de l'univers atteste sa puissance.

LA POULETTE

Un bon petit garçon de cinq ou six ans était en train de déjeuner sous les yeux de sa mère; il trempait très consciencieusement, dans un œuf à la coque bien frais et cuit à point, les petites * mouillettes de pain que lui taillait sa mère.

« Sais-tu, mon enfant, lui demanda celle-ci, qui a fait cet œuf que tu manges ?

— Oui, maman, répondit le bonhomme, c'est la poulette blanche que vous m'avez donnée.

— Et la poulette blanche, d'où est-elle sortie ?

— D'un autre œuf.

— Et cet autre œuf, qui l'a fait ?

— Eh ! dit l'enfant en riant, c'est une autre poule.
— Et cette autre poule ?
— Eh bien ! c'est encore un autre œuf, et toujours comme cela.
— Et le premier de tous les œufs, qui l'a fait ?
— Mais, maman, c'est la première de toutes les poules.
— Très bien ! mais si c'est la première poule qui a fait le premier œuf, qui donc a fait la première poule ?»

L'enfant réfléchit un instant, et, en bon petit philosophe, répondit à sa mère : « C'est le bon Dieu. »

(Œuvres.) 1   DE SÉGUR.

RÉFLEXIONS. — De même que des ouvriers ont nécessairement construit votre maison, de même un Être supérieur, un Dieu, a dû créer aussi le grand univers. Ne prononcez son nom qu'avec le plus grand respect.

EXERCICES ORAUX OU ÉCRITS

1. — Doit-on prononcer à chaque instant, et sous le moindre prétexte, le nom de Dieu ?
2. — Qu'appelle-t-on blasphème ? Qu'appelle-t-on parjure ?
3. — Qui a créé l'univers ? Montrez que son existence et sa parfaite harmonie prouvent un Être supérieur ?

LEXIQUE

Mouillette..... Morceau de pain long et mince qu'on trempe dans les œufs à la coque.
Philosophe ... Celui qui étudie la philosophie, c'est-à-dire la connaissance des choses physiques, morales et intellectuelles par leurs causes et leurs effets.

RÉCITATION

Croyance en Dieu

C'est le sacré lien de la société,
Le premier fondement de la sainte équité,
Le frein du scélérat, l'espérance du juste.
Si les cieux, dépouillés de leur empreinte auguste,

---

(1) Paris, Tolra, éditeur. Prix, 20 fr.

Pouvaient cesser jamais de la manifester ;
Si Dieu n'existait pas, il faudrait l'inventer.
Que le sage l'annonce, et que les grands le craignent
Rois, si vous m'opprimez, si vos grandeurs dédaignent
Les pleurs de l'innocent que vous faites couler,
Mon vengeur est au ciel, apprenez à trembler.

VOLTAIRE.

LEÇON XL ET DERNIÈRE

Programme. — OBÉISSANCE AUX LOIS DE DIEU

MAXIMES

1. — Ne vouloir que ce que Dieu veut, c'est le seul moyen d'être heureux.
2. — Obéis à la loi de ta conscience ; elle est l'interprète de la loi de Dieu.
3. — La gloire des hommes de bien est dans leur conscience même et non dans la bouche des hommes.
4. — Vouloir ce que Dieu veut est la seule science qui nous mette en repos.

LE VOYAGEUR DANS LES MONTAGNES DU JURA

Par un soir d'octobre 1880, vers huit heures, un de mes amis, négociant à ..... dans le département du Doubs, revenait de la foire de Salins (Jura), et suivait, avec sa voiture, la route très accidentée et très pittoresque qui conduit à Nans-sous-Sainte-Anne (Doubs).

Le ciel était noir et un violent orage s'annonçait. Au sortir de Salins, le négociant fut rejoint par un voyageur inconnu qui lui demanda une place dans sa voiture. A son grand regret, mon ami ne put lui accorder cette satisfaction, et lui fit remarquer que lui-même avait dû descendre de voiture afin de soulager son cheval, trop chargé déjà pour monter la côte. Puis il ajouta :

« Quand nous serons au sommet de la rampe, je vous donnerai volontiers une place sur le derrière de ma voiture. »

Le voyageur crut au mauvais vouloir du négociant, et prit bientôt un sentier qui devait lui permettre de gagner le premier village avant l'orage. Il garda néanmoins rancune à mon ami, et arriva au haut de la côte longtemps avant lui.

Pendant quelques instants, l'ouragan fit rage dans la forêt : le vent furieux hurlait dans les * hêtres, secouant violemment les arbres, et la pluie tombait par rafales, roulant des rocs énormes au fond des * ravines et menaçant à chaque instant la vie du voyageur. Il continua heureusement son chemin.

Arrivé à une des nombreuses courbes que décrit la route, il heurta soudain une énorme pierre qui avait roulé de la montagne voisine, et qui * obstruait le passage.

Elle pouvait faire tomber les voyageurs dans l'abîme: lui-même s'était blessé assez gravement à la jambe ; mais que serait-il advenu s'il avait été sur une voiture lancée à toute vitesse ? Sûrement cheval et voyageur auraient été précipités dans le * gouffre où ils auraient trouvé la mort.

Maintenant, il en est quitte pour une blessure à la jambe, et il bénit Dieu de lui avoir sauvé la vie.

Il reprit sa route, mais une voix intérieure lui criait : « Tu peux empêcher un accident ; tu peux arracher à une mort certaine le voyageur inconnu qui te suit, épargner les pl rs d'une femme et de pauvres orphelins, et tu ne le ferais pas ?... »

Il reconnut aussitôt la voix de sa conscience ; il se souvint que *tous les hommes sont frères*, oublia son ressentiment, puis, n'écoutant que cette voix divine, il revint sur ses pas et essaya, mais en vain, de mouvoir l'énorme bloc de pierre qui pouvait causer d'autres accidents.

Il réfléchit un instant, et, marchant à la rencontre du négociant, il l'avertit du danger qu'il courait en cet endroit. Ils firent ensuite route ensemble jusqu'au point indiqué, et là ils s'unirent pour rouler dans l'abîme le roc si dangereux. Leur séparation eut lieu à Nans-sous-Sainte-Anne : ils s'étaient rencontrés étrangers l'un à l'autre, une bonne action les avait rendus frères.

Le voyageur s'avançait désormais avec une conscience sereine. Que lui importaient alors l'orage et l'obscurité ! Il avait obéi à la conscience qui est la voix de Dieu lui-même parlant à nos cœurs ; il avait sauvé un inconnu peut-être, mais un frère certainement, et maintenant il éprouvait le bonheur et le calme intérieur que procure toujours une bonne action.

« Lorsque notre conscience nous approuve, nous sommes forts : c'est Dieu qui nous dirige. »

RÉFLEXIONS. — Dieu veut que tous les hommes s'aiment comme des frères : c'est lui qui nous donne la force de remplir nos devoirs ; obéissons donc à ses lois telles que nous les révèlent notre conscience et notre raison.

EXERCICES ORAUX OU ÉCRITS

1. — La conscience est un tribunal intérieur, auquel nous devons obéir par respect pour le Créateur ? Justifiez cette pensée.
2. — Dites ce qu'a été la conduite du voyageur, et montrez comment elle était digne.
3. — L'homme de bien fait le bien par obéissance à sa conscience et à sa raison. Faites voir, d'après le récit précédent, que ne pas leur obéir, c'est s'exposer à être dévoré par le remords. Dire ce que c'est que le remords ?

LEXIQUE

Pittoresque..... A la fois sauvage et agréable.
Obstruer....... Boucher, embarrasser.
Gouffre .... Abîme, précipice.
Ravine......... Torrent qui tombe avec impétuosité ; lit de ce torrent.
Ressentiment.. Souvenir d'une injure.
Hêtre.......... Grand arbre qui produit la faine.
Rafale .... Coup de vent violent.

RÉCITATION

Hymne de l'Enfant à son réveil

O Père qu'adore mon père !
Toi qu'on ne nomme qu'à genoux !
Toi dont le nom terrible et doux
Fait courber le front de ma mère !

Mon Dieu, donne l'onde aux fontaines,
Donne la plume aux passereaux ;
Et la laine aux petits agneaux,
Et l'ombre et la rosée aux plaines.

Donne au malade la santé,
Au mendiant le pain qu'il pleure,
A l'orphelin, une demeure,
Au prisonnier la liberté.

Donne une famille nombreuse
Au père qui craint le Seigneur,
Donne à moi sagesse et bonheur,
Pour que ma mère soit heureuse !

LAMARTINE.

ÉPILOGUE

HOMMAGE A DENFERT

Peu d'années se sont écoulées depuis cette guerre inexpiable. Et pourtant, grâce à l'indomptable vitalité de la nation française, ces temps paraissent déjà loin de nous. En 1871, nous avions disparu, pour ainsi dire, du rang des nations. La trahison avait déshonoré nos armes ; nos arsenaux étaient anéantis, nos armées prisonnières, nos places fortes au pouvoir de l'ennemi, nos frontières effacées, nos libertés entre les mains d'une assemblée réactionnaire.

Il semblait que la patrie morte dût avoir les funérailles d'Alexandre : trois partis monarchiques se disputant autour de sa tombe et s'arrachant ses dépouilles.

La France était occupée par des garnisaires, et les chevaux des uhlans buvaient dans la Seine.

Sans appui, nous étions seuls en face de notre désastre ; seuls, nous avons eu raison de cette situation sans exemple ; seuls, nous nous sommes relevés.

Nous avions pour nous la plus grande force qu'une nation puisse invoquer aux jours de détresse : la force morale d'un pays vaincu, mais qui ne s'est pas rendu, qui ne s'est pas abandonné lui-même.

Un peuple qui lutte, un peuple qui se défend quand même, un peuple qui subit les lois de la force, mais qui ne les accepte pas, un tel peuple peut être battu, mais il n'est jamais réduit, parce qu'il n'a pas abdiqué.

Ce qui nous a sauvés, ce qui a préparé la résurrection, c'est la défense nationale : ce sont les âmes ardentes qui n'ont pas désespéré de la patrie française, les soldats qui ont, comme Denfert, lutté sans défaillance et espéré contre l'espérance même.

La défense nationale, malgré ses revers, a réveillé dans les masses profondes du peuple un sentiment de patriotisme que rien ensuite n'a pu éteindre. Elle a fait passer dans les esprits sa propre conviction que la patrie peut toujours être sauvée. L'exemple de Denfert a prouvé que notre armée, commandée par des chefs fidèles, pouvait alors et pourra toujours défendre nos frontières.

Notre désastre, que le sentiment public n'eût pas manqué de considérer comme une irrémédiable déchéance en l'attribuant à la décadence de la nation française, notre désastre, grâce à ces grands exemples, n'a plus été à nos yeux qu'un malheur immense, il est vrai, mais passager, et que nous pouvions réparer.

Notre défaite n'a pas été regardée comme l'arrêt d'une irrévocable destinée; elle n'est pas entrée dans nos cœurs, et il n'en restera dans nos traditions nationales que le souvenir d'une immense trahison.

Fidèle à la France dans sa double carrière militaire et politique, Denfert ne fit entendre ni plaintes ni murmures; il n'eut pour ses compatriotes que des paroles d'encouragement et d'espoir.

A Grenoble, tout attristé des malheurs de la patrie, mais fort de la grandeur du devoir accompli, en licenciant votre troupe invaincue, vous avez terminé votre ordre du jour par ces mots : « Vive la France ! Vive la République ! »

Tel fut le dernier cri de votre commandement militaire, fidèle soldat, grand citoyen !

Ce cri, que vos lèvres de bronze semblent vouloir proférer encore, ce cri a trouvé d'impérissables échos.

Il a retenti dans les consciences ; il est allé chercher les dévouements ; il a créé des citoyens.

Et nous, devant cette statue que l'histoire semble animer de son souffle vivant, en face de cette image dont la muette éloquence nous rappelle nos malheurs et notre dignité, notre chute et notre relèvement, répétons-le, ce cri libérateur : « Vive la France ! Vive la République ! »

F. VIETTE, *Député*.

(Extrait du discours prononcé à l'inauguration de la statue du colonel Denfert, à Montbéliard, le 21 septembre 1879.)

SUPPLÉMENT

DÉCLARATION DES DROITS DE L'HOMME ET DU CITOYEN

Les Représentants du Peuple français, constitués en Assemblée nationale, considérant que l'ignorance, l'oubli et le mépris des droits de l'homme sont les seules causes des malheurs publics ou de la corruption des Gouvernements, ont résolu d'exposer, dans une déclaration solennelle, les droits naturels, inaliénables et sacrés de l'homme, afin que cette déclaration, constamment présente à tous les membres du corps social, leur rappelle sans cesse leurs droits et leurs devoirs ; afin que les actes du Pouvoir législatif et ceux du Pouvoir exécutif, pouvant être à chaque instant comparés avec le but de toute institution politique, en soient plus respectés ; enfin que les réclamations des citoyens, fondées désormais sur des principes simples et incontestables, tournent toujours au maintien de la Constitution et au bonheur de tous. En conséquence, l'Assemblée nationale reconnaît et déclare, en présence et sous les auspices de l'Être suprême, les droits suivants de l'homme et du citoyen :

Art. 1er — « Les hommes naissent et demeurent libres et égaux en droits. Les distinctions sociales ne peuvent être fondées que sur l'utilité commune. »

Art. 2. — « Le but de toute association politique est la conservation des droits naturels et imprescriptibles de l'homme. Ces droits sont la *liberté*, la *sûreté* et la *résistance à l'oppression*. »

Art. 3. — « Le principe de toute souveraineté réside

essentiellement dans la Nation; nul corps, nul individu ne peut exercer d'autorité qui n'en émane expressément. »

Art. 4. — « La liberté consiste à pouvoir faire tout ce qui ne nuit pas à autrui : ainsi l'exercice des droits naturels de chaque homme n'a de bornes que celles qui assurent aux autres membres de la société la jouissance de ces mêmes droits. Ces bornes ne peuvent être déterminées que par la loi. »

Art. 5. — « La loi n'a le droit de défendre que les actions nuisibles à la société. Tout ce qui n'est pas défendu par la loi ne peut être empêché, et nul ne peut être contraint à faire ce qu'elle n'ordonne pas. »

Art. 6. — « La loi est l'expression de la volonté générale. Tous les citoyens ont le droit de concourir personnellement ou par leurs représentants à sa formation. Elle doit être la même pour tous, soit qu'elle protège, soit qu'elle punisse. Tous les citoyens, étant égaux à ses yeux, sont également admissibles à toutes les dignités, places et emplois publics, selon leur capacité, et sans autre distinction que celle de leurs vertus et de leurs talents. »

Art. 7. — « Nul homme ne peut être accusé, arrêté ni détenu que dans des cas déterminés par la loi, et selon les formes qu'elle a prescrites. Ceux qui sollicitent, expédient, exécutent ou font exécuter des ordres arbitraires, doivent être punis ; mais tout citoyen appelé ou saisi en vertu de la loi doit obéir à l'instant ; il se rend coupable par la résistance. »

Art. 8. — « La loi ne doit établir que des peines strictement et évidemment nécessaires, et nul ne peut être puni qu'en vertu d'une loi établie et promulguée antérieurement au délit et légalement appliquée. »

Art. 9. — « Tout homme étant présumé innocent jusqu'à ce qu'il ait été reconnu coupable, s'il est jugé indispensable de l'arrêter, toute rigueur qui ne serait pas nécessaire pour s'assurer de sa personne doit être sévèrement réprimée par la loi. »

Art. 10. — « Nul ne doit être inquiété pour ses opinions, même religieuses, pourvu que leur manifestation ne trouble pas l'ordre public établi par la loi. »

Art. 11. — « La libre communication des pensées et des opinions est un des droits les plus précieux de l'homme; tout citoyen peut donc parler, écrire, imprimer librement, sauf à répondre de l'abus de cette liberté dans les cas prévus par la loi. »

Art. 12. — « La garantie des droits de l'homme et du citoyen nécessite une force publique; cette force est donc instituée pour l'avantage de tous, et non pour l'utilité particulière de ceux auxquels elle est confiée. »

Art. 13. — « Pour l'entretien de la force publique et pour les dépenses de l'administration, une contribution commune est indispensable; elle doit être également répartie entre tous les citoyens, en raison de leurs facultés. »

Art. 14. — Tous les citoyens ont le droit de constater, par eux-mêmes ou par leurs représentants, la nécessité de la contribution publique, de la consentir librement, d'en suivre l'emploi, et d'en déterminer la quotité, l'assiette, le recouvrement et la durée. »

Art. 15. — « La Société a le droit de demander compte à tout agent public de son administration. »

Art. 16. — « Toute Société dans laquelle la garantie des droits n'est pas assurée, ni la séparation des Pouvoirs déterminée, n'a point de Constitution. »

Art. 17. — « La propriété étant un droit inviolable et sacré, nul ne peut en être privé, si ce n'est lorsque la nécessité publique l'exige évidemment, et sous la condition d'une juste et préalable indemnité. »

LA MARSEILLAISE [1]

PREMIER COUPLET

Allons, enfants de la Patrie,
Le jour de gloire est arrivé.
Contre nous de la tyrannie
L'étendard sanglant est levé (*bis*).
Entendez-vous dans les campagnes
Mugir ces féroces soldats ?
Ils viennent jusque dans vos bras
Egorger vos fils, vos compagnes.

>Aux armes, citoyens !
>Formez vos bataillons !
>Marchons, marchons !
>Qu'un sang impur
>Abreuve nos sillons.

DEUXIÈME COUPLET

Que veut cette horde d'esclaves,
De traîtres, de rois conjurés ?
Pour qui ces ignobles entraves,
Ces fers dès longtemps préparés ? (*bis*)
Français, pour nous, ah ! quel outrage !
Quels transports il doit exciter !
C'est nous qu'on ose méditer
De rendre à l'antique esclavage !...

>Aux armes, etc.

---

(1) Afin d'arriver à une exécution uniforme, nous engageons les maîtres à adopter une même notation, par exemple celle que publie M. Henriot, Inspecteur primaire, dans *Vive la France*, éditeurs Picard-Bernheim, à Paris.

TROISIÈME COUPLET

Quoi ! des cohortes étrangères
Feraient la loi dans nos foyers ?
Quoi ! ces phalanges mercenaires
Terrasseraient nos fiers guerriers ? *(bis)*
Grand Dieu ! par des mains enchaînées
Nos fronts sous le joug se ploieraient !
De vils despotes deviendraient
Les maîtres de nos destinées !...

    Aux armes, etc.

QUATRIÈME COUPLET

Tremblez, tyrans, et vous, perfides !
L'opprobre de tous les partis ;
Tremblez ! vos projets parricides
Vont enfin recevoir leur prix. *(bis)*
Tout est soldat pour vous combattre ;
S'ils tombent, nos jeunes héros,
La France en produit de nouveaux
Contre vous tout prêts à se battre !...

    Aux armes, etc.

CINQUIÈME COUPLET

Français, en guerriers magnanimes,
Portez ou retenez vos coups ;
Epargnez ces tristes victimes
A regret s'armant contre nous ; *(bis)*
Mais ces despotes sanguinaires,
Mais les complices de Bouillé,
Tous ces tigres qui sans pitié
Déchirent le sein de leur mère !...

    Aux armes, etc.

SIXIÈME COUPLET

Nous entrerons dans la carrière
Quand nos aînés n'y seront plus ;
Nous y trouverons leur poussière,
Et la trace de leurs vertus ! (*bis*)
Bien moins jaloux de leur survivre
Que de partager leur cercueil,
Nous aurons le sublime orgueil
De les venger ou de les suivre !...
    Aux armes, etc.

SEPTIÈME COUPLET

Amour sacré de la Patrie,
Conduis, soutiens nos bras vengeurs :
Liberté, Liberté chérie !
Combats avec tes défenseurs. (*bis*)
Sous nos drapeaux que la Victoire
Accoure à tes mâles accents ;
Que tes ennemis expirants
Voient ton triomphe et notre gloire ;
    Aux armes, etc.
ROUGET DE L'ISLE.

LE CHANT DU DÉPART (1)

PREMIER COUPLET

La victoire en chantant nous ouvre la barrière,
    La liberté guide nos pas
Et du nord au midi la trompette guerrière
    A sonné l'heure des combats.
    Tremblez ennemis de la France
    Rois ivres de sang et d'orgueil,
    Le peuple souverain s'avance
    Tyrans descendez au cercueil.

---

(1) Se reporter à la note de la page précédente.

CHŒUR

La République nous appelle
Sachons vaincre ou sachons périr :
Un Français doit vivre pour elle ; ⎫
Pour elle un Français doit mourir. ⎭ bis

DEUXIÈME COUPLET

UNE MÈRE DE FAMILLE

De nos yeux maternels ne craignez point les larmes :
　　Loin de nous de lâches douleurs
Nous devons triompher quand vous prenez les armes :
　　C'est aux rois à verser des pleurs.
　　Nous vous avons donné la vie :
　　Guerriers, elle n'est plus à vous :
　　Tous vos jours sont à la Patrie ;
　　Elle est votre mère avant nous.

CHŒUR DES MÈRES DE FAMILLE

La République, etc.

TROISIÈME COUPLET

DEUX VIEILLARDS

Que le fer paternel arme la main des braves ;
　　Songez à nous au champ de Mars :
Consacrez dans le sang des rois et des esclaves
　　Le fer béni par vos vieillards ;
　　Et, rapportant sous la chaumière
　　Des blessures et des vertus,
　　Venez fermer notre paupière
　　Quand les tyrans n'y seront plus.

CHŒUR DES VIEILLARDS

La République, etc.

QUATRIÈME COUPLET

UN ENFANT

De Barra, de Viala, le sort nous fait envie ;
Ils sont morts, mais ils ont vaincu :
Le lâche accablé d'ans n'a point connu la vie ;
Qui meurt pour le peuple a vécu :
Vous êtes vaillants, nous le sommes ;
Guidez-nous contre les tyrans :
Les républicains sont des hommes
Les esclaves sont des enfants.

CHŒUR DES ENFANTS

La République, etc.

CINQUIÈME COUPLET

UNE ÉPOUSE

Partez, vaillants époux, les combats sont vos fêtes ;
Partez, modèles des guerriers ;
Nous cueillerons des fleurs pour en ceindre vos têtes ;
Nos mains tresseront vos lauriers.
Et, si le temple de mémoire
S'ouvrait à vos mânes vainqueurs,
Nos voix chanteront votre gloire,
Et nos flancs portent vos vengeurs.

CHŒUR DES ÉPOUSES

La République, etc.

SIXIÈME COUPLET

UNE JEUNE FILLE

Et nous, sœurs des héros, nous qui de l'hyménée
Ignorons les aimables nœuds,
Si pour s'unir un jour à notre destinée
Les citoyens forment des vœux,

Qu'ils reviennent dans nos murailles,
Beaux de gloire et de liberté,
Et que leur sang, dans les batailles.
Ait coulé pour l'égalité !

CHŒUR DES JEUNES FILLES

La République, etc.

SEPTIÈME COUPLET

TROIS GUERRIERS

Sur le fer, devant Dieu nous jurons à nos pères,
   A nos épouses, à nos sœurs,
A nos représentants, à nos fils, à nos mères,
   D'anéantir les oppresseurs.
   En tout lieu, dans la nuit profonde
   Plongeant la féodalité,
   Les Français donneront au monde
   Et la paix et la liberté.

CHŒUR GÉNÉRAL

La République nous appelle ;
Sachons vaincre ou sachons périr :
Un Français doit vivre pour elle ; } bis
Pour elle un Français doit mourir ! }

M.-J. CHÉNIER

CHANT DES GIRONDINS

PREMIER COUPLET

Par la voix du canon d'alarmes
La France appelle ses enfants.
« Allons, dit le soldat, aux armes !
C'est ma mère, je la défends ! »

REFRAIN

Mourir pour la patrie, *(bis)*
C'est le sort le plus beau,
Le plus digne d'envie. } *(bis)*

DEUXIÈME COUPLET

Au seul bruit de sa délivrance,
Les nations brisent leurs fers,
Et le sang des fils de la France
Sert de rançon à tout l'univers.

Mourir, etc.

TROISIÈME COUPLET

C'est à vous, mère, épouse, amante,
De donner, comme il plaît à Dieu,
La couronne au vainqueur qui chante,
Au martyr le baiser d'adieu.

Mourir, etc.

A. MAQUET

MAXIMES

La Famille

1 — L'asile le plus sûr est le sein d'une mère.
2 — La piété filiale se compose de respect, de tendresse, de reconnaissance et de dévouement.
3 — Bien travaille qui élève bien ses enfants.
4 — Les bons maîtres font les bons valets.
5 — Accoutumez-vous à avoir de la bonté et de l'humanité pour vos domestiques. (Mme de Lambert.)
6 — Celui qui honore sa mère est comme un homme qui amasse un trésor.
7 — Le plus heureux des enfants, c'est le plus docile à l'égard de ses parents.
8 — Le père et la mère sont les meilleurs amis de l'enfant.
9 — L'enfant ne doit pas avoir de secret ni pour son père ni pour sa mère.
10 — Le frère aîné doit être plein de complaisance et de douceur pour les plus jeunes ; le petit frère et la jeune sœur doivent être reconnaissants et déférents pour leurs aînés.
11 — L'union est la source de la prospérité dans la famille.
12 — L'enfant doit le respect à tous ses supérieurs.
13 — Les supérieurs, pour un enfant, sont toutes les personnes plus âgées que lui.
14 — Enfants, aimez et respectez vos maîtres : ils tiennent la place de vos parents et se dévouent pour faire de vous des hommes honnêtes et instruits.
15 — Respectez les vieillards, les pauvres, les infirmes ; écoutez les conseils des gens de bien.
16 — Toute maison bien ordonnée est l'image de l'âme du maître. (J.-J. Rousseau.)

L'Ecole

1 — L'ignorance toujours mène à la servitude.
2 — Qui rien ne sait, de rien ne doute.
3 — La politesse fait partie de la probité comme l'orthographe du style. (Jules Troubat.)

4 — Le travail est une voie à la vertu. (Bonnin.)
5 — Où l'école s'emplit, la prison se vide.
6 — Les paresseux ont toujours envie de faire quelque chose. (Vauvenargues.)
7 — Forcez les hommes au travail, et vous les rendrez honnêtes gens. (Voltaire.)
8 — L'enfant raisonneur devient rarement un homme distingué dans l'action. (Marion.)
9 — On perd tout le temps qu'on peut mieux employer. (J.-J. Rousseau.)
10 — Il n'est pas ici-bas de moisson sans culture. (Voltaire.)
11 — Vieille amitié ne craint pas la rouille.
12 — Amis valent mieux qu'argent.
13 — Plus font deux amis que ne font quatre ennemis.
14 — Que l'Etat sème l'instruction, la nation récoltera morale, richesses et liberté. (Emile de Girardin.)
15 — L'éducation nivelle les hommes, et Dieu nous commande de travailler à ce nivellement. (Georges Sand.)
16 — Le fils mal instruit est la honte de son père.
17 — L'étude est la nourriture des jeunes gens et la consolation des vieillards. (Sénèque.)
18 — La fin de toutes les études est de rendre l'homme meilleur. (Rollin.)
19 — On n'est curieux qu'à proportion qu'on est instruit. (J.-J. Rousseau.)
20 — Le meilleur compagnon est un bon livre.

La Patrie

1 — S'irriter contre sa patrie, c'est un crime.
2 — Qui rêve sa défaite est vaincu d'avance.
3 — La jeunesse vaillante, c'est le printemps de la France. (A. de la Forge.)
4 — Mourir pour la patrie est un sort aussi doux que glorieux.
5 — Ennemi ne dort.
6 — N'est pas échappé qui traîne son lien.
7 — S'il n'y a que du malheur à être opprimé par la force, il y a de la honte à se montrer servile. (Aug. Thierry.)
8 — On agit contre nature toutes les fois que l'on combat contre sa patrie. (Fénelon.)
9 — Les plus grands prodiges de vertu ont été produits par l'amour de la patrie. (J.-J. Rousseau.)
10 — Voulons-nous que les peuples soient vertueux ? Commençons par leur faire aimer la patrie. (J.-J. Rousseau.)
11 — Ce que le soldat français a d'admirable, c'est surtout le sentiment délicat de l'honneur.
12 — Le magistrat, c'est la loi vivante. (Cicéron.)

13 — Aimons-la bien, cette patrie, cette France si belle, si grande, la tête et le cœur des autres nations !
14 — La loi est la prudence des sociétés.
15 — Obéissons toujours à la loi.

Les institutions politiques

1 — La liberté n'est dans aucune forme de gouvernement ; elle est dans le cœur de l'homme libre ; il la porte partout avec lui ; l'homme vil porte partout la servitude. (J.-J. Rousseau.)
2 — La liberté dans l'homme est la santé de l'âme. Plus on a la santé de l'âme, plus on croit à la liberté. (Michelet.)
3 — Etre pauvre sans être libre, c'est le pire état où l'homme puisse tomber. (J.-J. Rousseau.)
4 — Sans liberté, pas de progrès.
5 — Le devoir d'une grande démocratie est de relever le niveau de ce qui est bas, mais non d'abaisser les sommets. (Compayré.)
6 — Renoncer à sa liberté, c'est renoncer à sa qualité d'homme, aux droits de l'humanité, même à ses devoirs. (J.-J. Rousseau.)
7 — Toute condition imposée à chacun par tous, ne peut être onéreuse à personne, et la pire des lois vaut encore mieux que le meilleur des maîtres ; car tout maître à des préférences, et la loi n'en a jamais. (J.-J. Rousseau.)
8 — La place naturelle de la vertu est auprès de la liberté (Montesquieu.)
9 — La liberté suit toujours le sort des lois, elle règne ou périt avec elles. (J.-J. Rousseau.)
10 — Dans l'état de nature, les hommes naissent bien dans l'égalité ; mais il n'y sauraient rester. La société le leur fait perdre et ils ne redeviennent égaux que par les lois. (Montesquieu.)
11 — Vivre libre et peu tenir aux choses humaines, est le meilleur moyen d'apprendre à mourir. (J.-J. Rousseau).

Devoirs envers soi-même

LES BIENS EXTÉRIEURS

1 — La vertu est le fruit de la morale. (Caron.)
2 — Tous les talents réunis ne valent pas une vertu. (Toussaint.)
3 — Le travail est la vie de l'homme. (Voltaire.)
4 — Le travail console; il élève et fortifie l'âme. (Mirabeau.)
5 — On se lasse de tout, excepté du travail. (Lévis.)

6 — Le travail et l'ennui ne passent jamais par la même porte.
7 — Le travail est la source du vrai bonheur.
8 — La chose la plus utile et dont on se lasse le moins, c'est le travail. (Caron.)
9 — Le travail est la destinée de l'homme.
10 — Le corps ne peut être sans se mouvoir, non plus que l'âme sans penser.
11 — Quelque penchant que l'on ait pour tel ou tel vice, on est toujours maître de s'en garantir. (Cicéron.)
12 — Toute intempérance est vicieuse, et surtout celle qui nous ôte la plus noble de nos facultés. (J.-J. Rousseau.)
13 — La gourmandise est le vice des cœurs qui n'ont point d'étoffe. (J.-J. Rousseau.)
14 — Bien mal acquis ne profite jamais.
15 — Pierre qui roule n'amasse pas mousse.
16 — Sachez sacrifier vos plaisirs à vos devoirs.
17 — L'intempérance est la source de bien des maux.
18 — Usez du vin et des liqueurs avec modération.
19 — Les veilles trop prolongées détruisent la santé.
20 — Un exercice modéré est nécessaire à la santé.
21 — Petit à petit l'oiseau fait son nid.
22 — Prive toi par amour de toi-même. (Franklin.)
23 — Ce qu'est la pureté pour l'âme, la propreté l'est pour le corps. (Epictète.)
24 — Cherche les vertus chez les autres et les vices chez toi. (Franklin.)
25 — C'est n'être bon à rien que n'être bon qu'à soi. (Voltaire.)

L'âme

1 — Celui qui s'acquitte bien de ses devoirs se prépare tous les jours à la mort, et peut la voir venir sans terreur.
2 — Vis de telle manière que si la mort te surprend, elle te trouve toujours prêt.
3 — Faites le bien, et vous ne craindrez point la mort.
4 — Celui qui fait le mal est esclave du mal.
5 — Les belles actions cachées sont les plus estimables.
6 — Celui dont la conscience est pure et tranquille trouve du charme à tout ce qui l'entoure.
7 — Nul ne peut être heureux, s'il ne jouit de sa propre estime.
8 — Une conscience pure est un doux oreiller.
9 — Le sage craint le mal et s'en détourne.
10 — On devient bon en faisant le bien.
11 — L'orgueil est le commencement de toutes nos erreurs.
12 — La reconnaissance est la mémoire du cœur.
13 — Vouloir, c'est pouvoir.
14 — Fuis la tentation.
15 — Qui s'expose au danger y périra.

16 — La patience vient à bout de tout.
17 — Plus fait douceur que violence.
18 — La patience est la vertu des âmes.
19 — L'hypocrisie est un hommage que le vice rend à la vertu.
20 — L'insolence est une médaille dont la bassesse est le revers.
21 — Point de repos pour l'envieux.
22 — Rien ne gagne tant les cœurs que la bonté.
23 — Quittez le bon pour le meilleur.
24 — Bien faire et laisser dire.
25 — Qui fait bien trouve bien.

Devoirs envers les autres hommes

1 — Tous les hommes sont frères.
2 — Aimez-vous les uns les autres.
3 — L'amour des hommes, dérivé de l'amour de soi, est le principe de la justice humaine. (J.-J. Rousseau.)
4 — Hommes, soyez humains, c'est votre premier devoir (J.-J. Rousseau.)
5 — Le bonheur des riches ne consiste pas dans les biens qu'ils ont, mais dans le bien qu'ils peuvent faire. (Fléchier.)
6 — C'est n'être bon à rien que de n'être bon qu'à soi. (B.).
7 — La flatterie est pire que le faux témoignage.
8 — La justice est le lien sacré de la société.
9 — La justice est la source commune de toutes les vertus sociales.
10 — Point de justice sans ordre public et sans lois fixes.
11 — La politesse attire et séduit; la grossièreté repousse et révolte.
12 — Un homme poli fait ornement dans une société, un homme grossier y fait tache. (Vigée.)
13 — L'ingratitude est un vice contre nature : les animaux eux-mêmes sont reconnaissants.
14 — Il ne faut pas toujours dire ce qu'on pense, il faut toujours penser ce qu'on dit. (Mme Lambert.)
15 — Dis-moi qui tu fréquentes, je te dirai qui tu es.
16 — Fréquente les bons et tu seras bon.

Devoirs envers Dieu

1 — J'aperçois Dieu partout dans ses œuvres, je le sens en moi, je le vois tout autour de moi. (J.-J. Rousseau.)
2 — Rendez à César ce qui est à César, et à Dieu ce qui est à Dieu.
3 — Qui craint et aime Dieu pratique la religion.
4 — Contre Dieu nul ne peut.

5 — Aide-toi, le ciel t'aidera.
6 — Dieu est bon, rien n'est plus manifeste. (J.-J. Rousseau.)
7 — Dieu est juste, c'est une suite de sa bonté. (J.-J. Rousseau.)
8 — La Divinité, qui n'a aucun besoin de nos hommages, nous commande cependant de l'honorer, parce que nous ne pouvons approcher d'elle par la pensée sans devenir plus purs.
9 — La prière est la respiration de l'âme, et qui ne prie pas ne vit plus. (Joseph de Maistre.)
10 — De tous les attributs de la Divinité toute-puissante, la bonté est celui sans lequel on la peut le moins concevoir. (J.-J. Rousseau.)
11 — Tenez votre âme en état de désirer qu'il y ait un Dieu, et vous n'en douterez jamais. (J.-J. Rousseau.)

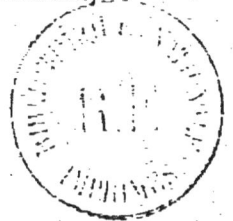

TABLE DES MATIÈRES

	Pages.
Remerciements	5
Directions	6

CHAPITRE Iᵉʳ. — **LA FAMILLE.**

I. — Respect de la famille (J. Gros, député)	7
Piété filiale	11
Le Petit Lapin indocile (Fénelon)	13
II. — La famille de Jean-Claude Bernard (Bulle)	14
Amour fraternel (J.-J. Rousseau)	19
Captivité de Jeanne (V. Hugo)	19
III. — Monsieur Claude (Mᵐᵉ Péquignet)	20
La Politesse (Voltaire)	24
IV. — La dernière classe dans une école d'Alsace (Alphonse Daudet)	25
La mauvaise Note (Louis Ratisbonne)	31
V. — Jeannot et Colin, ou le bon ami : Ruine de M. de la Jeannottière, son emprisonnement ; rencontre de Jeannot et de Colin ; les Jeannot retournent dans leur pays et se remettent au travail (d'après Voltaire).	32
Aux Rapporteurs (X.)	37
Les deux Amis (La Fontaine)	37

CHAPITRE II. — **LA PATRIE.**

VI. — Ce que c'est que la Patrie : ses grandeurs ; ses malheurs ; ses bienfaits	39
Vœux pour la France (Marie-Joseph Chénier)	44
Metz et Strasbourg (Victor Hugo)	44
VII. — Obéissance à la Loi (G. Bernard, député)	45
Conseils aux futurs citoyens (Cormenin)	50
Le vrai Patriote (Silvio Pellico)	50

		Pages.
VIII.	— Sacrifice à la Patrie ; exemples de dévouement patriotique (ROBESPIERRE)	51
	Le Soldat (DE LAPRADE)	54
IX.	— Le Sergent (Paul DÉROULÈDE)	55
	Morts pour la Patrie (Victor HUGO)	60
X.	— La Fraude en matière d'impôts (Ernest LEGOUVÉ)	61
	La Loi (PONSARD)	63
XI.	— Un électeur consciencieux (BOBILLIER)	64
	Chanson du pauvre électeur (chanson anglaise)	66
XII.	— Quatorze Juillet (LE MOINE DE LA VALLÉE)	67
	Le Bonheur de la liberté : M. Latude à la Bastille ; le proscrit et les oiseaux	71
	L'Enfant et l'Oiseau (DEVOILLE)	73
XIII.	— Respectez les décisions de la majorité (CH. BIGOT)	75
	Sur le Pouvoir personnel (FRANKLIN)	77
	La Nuit du 4 août 1789 (d'après Jules MICHELET)	77
XIV.	— Une vieille Histoire (Dionys ORDINAIRE, député)	78
	Histoire du général Drouot (d'après LACORDAIRE)	80
	La Fraternité (LAMENNAIS)	84

CHAPITRE III. — **LA SOCIÉTÉ.**

XV.	— Robinson Crusoé (G. COMPAYRÉ)	85
	Les Membres et l'Estomac (LA FONTAINE)	87
XVI.	— Respect pour le droit des gens (BARRAU)	88
	Conditions de justice (Jules SIMON)	90
	Le Droit et la Force (LA HARPE)	90
XVII.	— Une aventure de Victor Schœlcher (Ernest LEGOUVÉ)	91
	Après la Bataille (Victor HUGO)	94
XVIII.	— Sentiment de la probité chez un enfant de sept ans (BARRAU)	95
	Le Champ d'orge (Bernardin DE SAINT-PIERRE)	97
	Le Roi de Perse (FLORIAN)	98

Pages.

XIX. — Porçon de la Barbinais (Georges DURUY) . . 99
   Les cent Louis de Turenne. (DE RAMSAY) . 101

XX. — Le Médisant et le Calomniateur. 102
   La Calomnie (J.-B. ROUSSEAU) 105

XXI. — Soyez tolérant (FRANKLIN). 106
   Le pauvre Colporteur (LAMARTINE) . . . 108

XXII. — Charité et Fraternité (Ch. BEAUQUIER, député). 109
   L'Aumône (Victor HUGO) 113

XXIII. — Les deux Pères de famille (d'après LAMENNAIS). 114
   L'Ane et le Chien (LA FONTAINE) . . . 116
   L'Aveugle et le Paralytique (Charles BIGOT). 117

XXIV. — Le Bienfaiteur ignoré 118
   Le Bouquet de violettes 119
   Trait de reconnaissance 119
   Carnot. 121
   La Colombe et la Fourmi (LA FONTAINE) . 121

XXV. — Mlle Clémentine Ryder (PAILLERON) 122
   Beau trait d'humanité (E. BERSOT) . . . 125

XXVI. — Jean Vigier (L. DE JUSSIEU) 126
   Conseils sur le Devoir (d'après JOUFFROY) . 130

XXVII. — Le peuple du Gange (A. VESSIOT) 131
   La Loi (LÉVÊQUE). 135

XXVIII. — De la Conservation personnelle : propreté du corps ; hygiène des habitations ; soins à donner aux nouveau-nés ; bons effets de l'exercice 136
   Le bon Elève (MARMONTEL) 142

XXIX. — Dix mille livres de rente (ARNAULD) 142
   Le Laboureur et ses enfants (LA FONTAINE). 145

XXX. — Dangers de l'ivresse et du tabac 146
   Règles d'hygiène (FRANKLIN). 149

XXXI. — Le czar Pierre 1er (BARRAU) 151
   L'Exercice au village (P.-L. COURIER) . . 153

XXXII. — Un Enfant martyr de la vérité (RENDU) . . . 154
   Le Menteur (RICHER) 156

	Pages.
XXXIII. — Le baron Pierre Daumesnil (d'après PÉRENNÈS).	157
Le Geai paré des plumes du Paon (LA FONTAINE)	160
XXXIV. — La Présomption de la jeunesse : Gil Blas à l'auberge de Pegnaflor (René LE SAGE)	161
La Diligence (GAUDY)	165
Le Grillon (FLORIAN)	165
XXXV. — Ignorance et Paresse (FRANCEY, conseiller général)	166
Allons travailler (BRIZEUX)	169
XXXVI. — Belle conduite d'une institutrice	170
Une Nuit terrible.	172
Courageux sang-froid d'un instituteur-adjoint	178
XXXVII. — Le Cocher modèle (A. VESSIOT).	179
La Mort du Cerf (J.-B. ROUSSEAU).	182
Le Crapaud (Louis RATISBONNE).	182
XXXVIII. — Ambroise Paré (d'après PÉRENNÈS)	183
Le Charretier embourbé (LA FONTAINE)	185

CHAPITRE IV. — **LA DIVINITÉ.**

XXXIX. — La Poulette (DE SÉGUR)	187
Croyance en Dieu (VOLTAIRE)	188
XL. — Le voyageur dans les montagnes du Jura	189
Hymne de l'Enfant à son réveil (LAMARTINE).	192
EPILOGUE. — Hommage à Denfert (F. VIETTE, député).	193

SUPPLÉMENT

Déclaration des Droits de l'homme et du citoyen	197
La Marseillaise (ROUGET DE L'ISLE)	200
Le Chant du Départ (M.-J. CHÉNIER).	202
Chant des Girondins (A. MAQUET).	205
MAXIMES.	207

Besançon, imprimerie Millot frères et Cie.

www.ingramcontent.com/pod-product-compliance
Lightning Source LLC
Chambersburg PA
CBHW061258110426
42742CB00012BA/1972